歴史文化ライブラリー
160

歴史の旅

武田信玄を歩く

秋山　敬

吉川弘文館

原則として、初版で掲載した口絵は割愛しております。

目次

信玄の実像を求めて——プロローグ

信玄のイメージ

武田信玄《しんげん》——戦国大名として最も著名な一人である（口絵1）。彼の事績は、『甲陽軍鑑《こうようぐんかん》』などの普及もあって江戸時代からよく知られ、偉大な武将・民政家としての英雄像が創られる。こうした英雄像は、甲州人の信玄に対する「郷土の偉人」的畏《い》敬《けい》の念によって増幅されたのは確かで、父信虎《のぶとら》を追放した大悪人との評に対して父子合意による引退説を用意し、「信玄公」と呼ばなければ甲州人は怒るとまでいわれた。最近はそうした傾向は薄れてはきたが、信玄餅・信玄ほうとう・信玄の煮貝《にがい》などの商品名が通用しているのは信玄への強い思いが尾を引いているといえよう。明治以降の学術的な研究の蓄積によって多くの新たな史実が解明されてきているにもかかわらず、一般的にはこのような感情によって形成された英雄像が依然として生きつづけているのである。もちろん、個々の人物をどのようにイメージするか

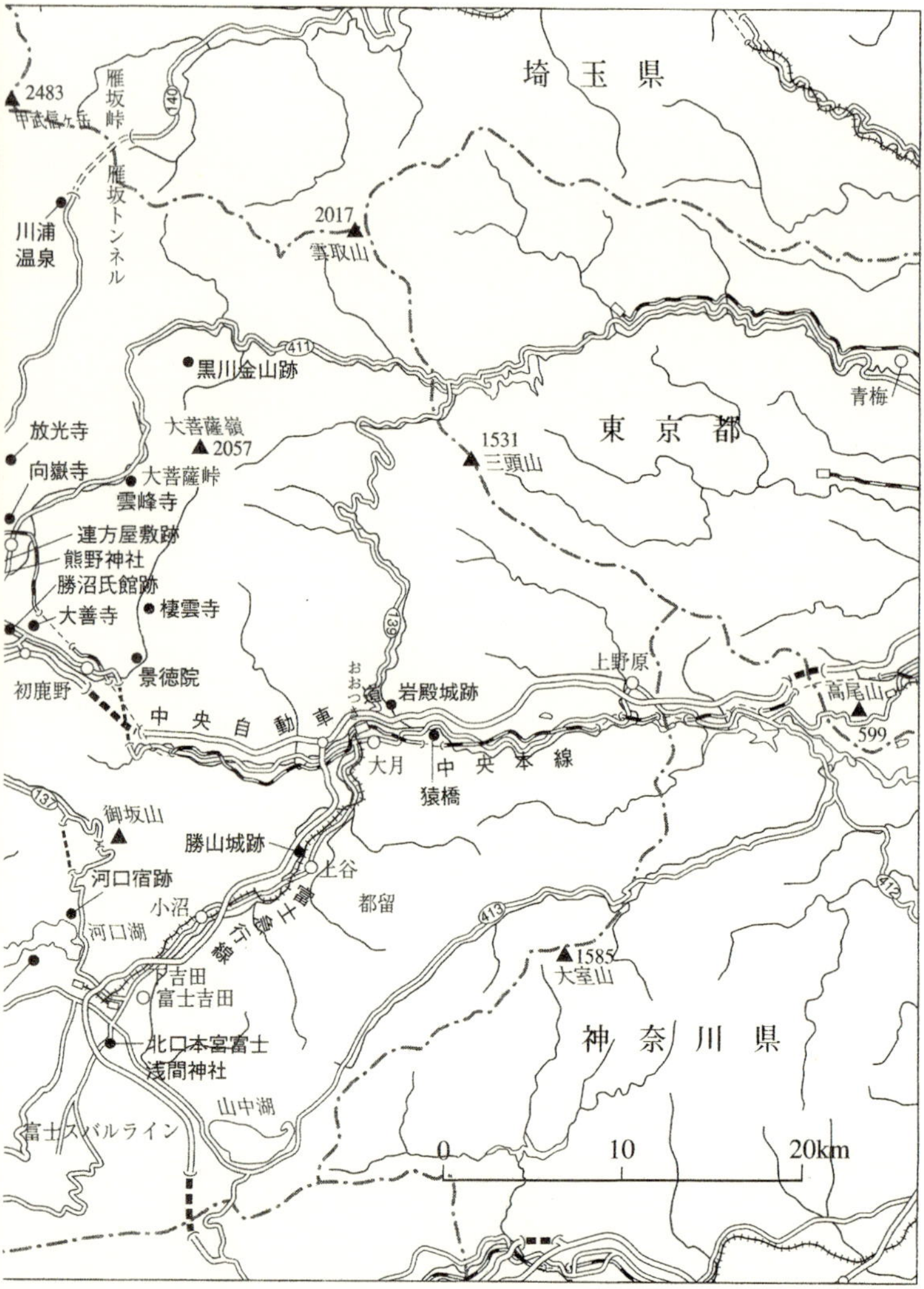

埼玉県
東京都
神奈川県
2483
甲武信ヶ岳
雁坂峠
140
雁坂トンネル
川浦温泉
2017
雲取山
411
黒川金山跡
大菩薩嶺
2057
大菩薩峠
雲峰寺
放光寺
向嶽寺
連方屋敷跡
熊野神社
勝沼氏館跡
大善寺
棲雲寺
景徳院
初鹿野
1531
三頭山
青梅
139
おおつき
岩殿城跡
上野原
高尾山
599
中央自動車
大月
中央本線
猿橋
137
御坂山
勝山城跡
上谷
都留
河口宿跡
小沼
河口湖
富士急行線
下吉田
富士吉田
北口本宮富士浅間神社
413
1585
大室山
412
山中湖
富士スバルライン
0
10
20km

氏関連史跡地図

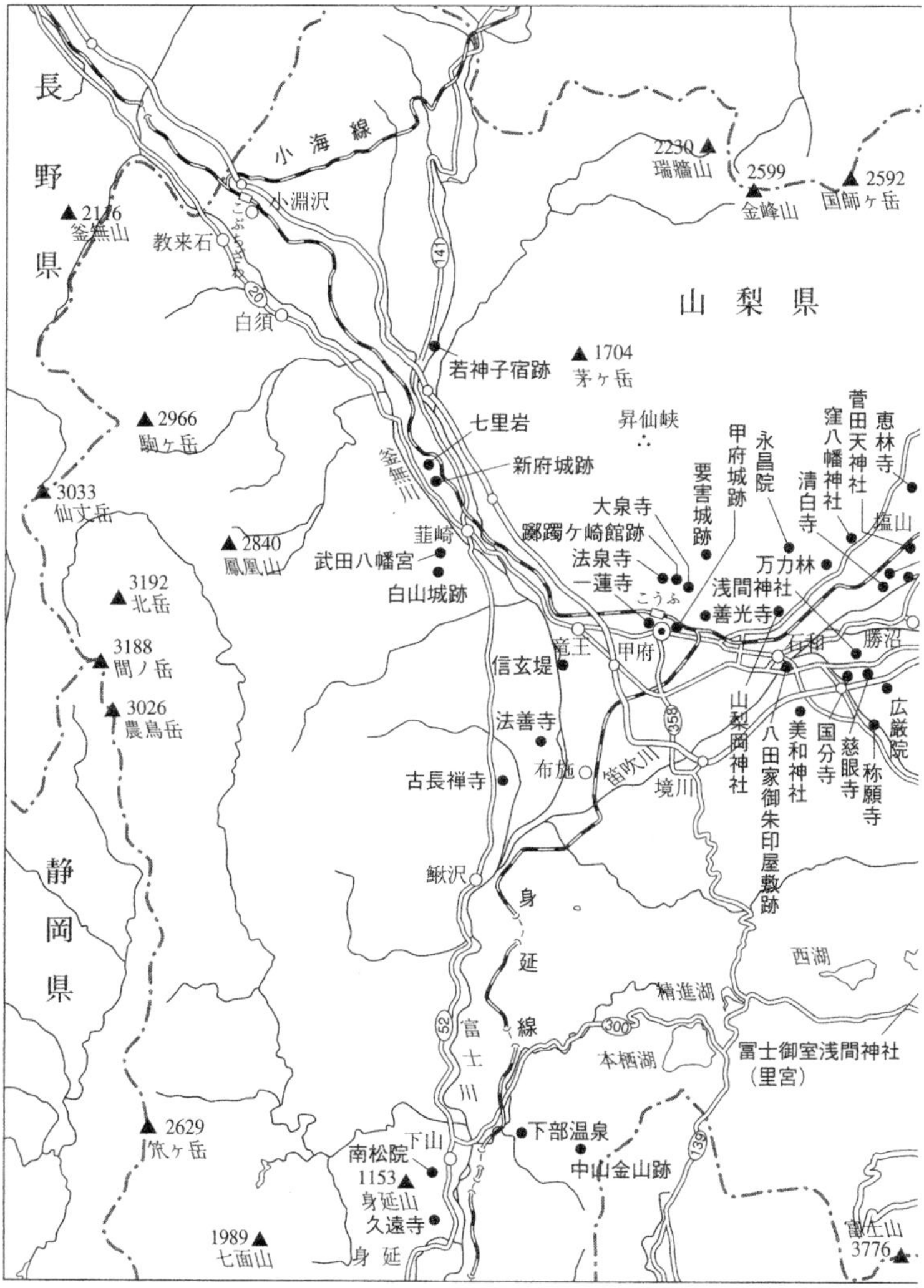
長野県
山梨県
静岡県
小海線
小淵沢
教来石
白須
2230 瑞牆山
2599 金峰山
2592 国師ヶ岳
2116 釜無山
141
20
若神子宿跡
1704 茅ヶ岳
七里岩
昇仙峡
新府城跡
2966 駒ヶ岳
3033 仙丈岳
釜無川
2840 鳳凰山
韮崎
武田八幡宮
白山城跡
3192 北岳
3188 間ノ岳
3026 農鳥岳
甲府城跡
要害城跡
永昌院
大泉寺
躑躅ヶ崎館跡
法泉寺
一蓮寺
こうふ
竜王
甲府
信玄堤
法善寺
布施
笛吹川
358
境川
古長禅寺
鰍沢
身延線
富士川
52
300
精進湖
本栖湖
西湖
富士御室浅間神社（里宮）
2629 笊ヶ岳
下山
南松院
1153 身延山
久遠寺
1989 七面山
身延
下部温泉
中山金山跡
139
富士山 3776
菅田天神社
窪八幡神社
恵林寺
清白寺
塩山
万力林
浅間神社
善光寺
石和
勝沼
山梨岡神社
八田家御朱印屋敷跡
美和神社
国分寺
慈眼寺
称願寺
広厳院

図1　甲　斐　国　武　田

は自由であり、また、甲州人の信玄観の形成過程を明らかにすることも研究課題ではあるが、歴史上の人物としての信玄を考える場合には、まず史実に即して語られるべきであることはいうまでもない。

本書では、その一つの方法として、現地に信玄の足跡をたどることによって信玄とその時代に案内することにする。信玄に関わる史跡が、信玄が生まれ育ったときとまったく同じ環境の中にあるというわけではないが、現場に立てば皆さんの豊かな想像力が戦国時代へと誘ってくれるに違いない。なお、信玄を称したのは永禄《えいろく》二年（一五五九）初頭の出家後のことで、幼名太郎、天《てん》文《ぶん》五年（一五三六）元服時から晴信《はるのぶ》を名乗ったのは周知のとおりであるが、本書では煩雑さを避けるため、信玄に統一した。

本書の構成

本書は、探訪の便を考えて地域別とした。戦国時代の甲斐は国中《くになか》・郡内《ぐんない》・河内《かわうち》に地域区分され、国中はさらに東郡《ひがしごおり》・中郡《なかごおり》・西郡《にしごおり》および逸見《へみ》に分けられる（図2）。笛吹川《ふえふきがわ》以東が東郡、釜無川《かまなしがわ》以西が西郡、その中間が中郡で、御勅使川《みだいがわ》以北の峡北地域（韮《にら》崎《ざき》市・北巨摩《きたこま》郡）を逸見と呼び、これを合わせた甲府盆地一帯が国中であり、南・北都留《つる》郡《ぐん》（富士吉田市・都留市・大月市含む）の郡内、鰍沢《かじかざわ》以南の富士川流域（南巨摩郡・西八代《にしやつしろ》郡）の河内と対置される。国中は武田氏、郡内は小山田氏、河内は穴山《あなやま》氏の支配下にあった。したがって、信玄の足跡は国中に多いが、なかでも信虎・信玄・勝頼《かつより》の武田三代の本拠となった甲府（甲斐府

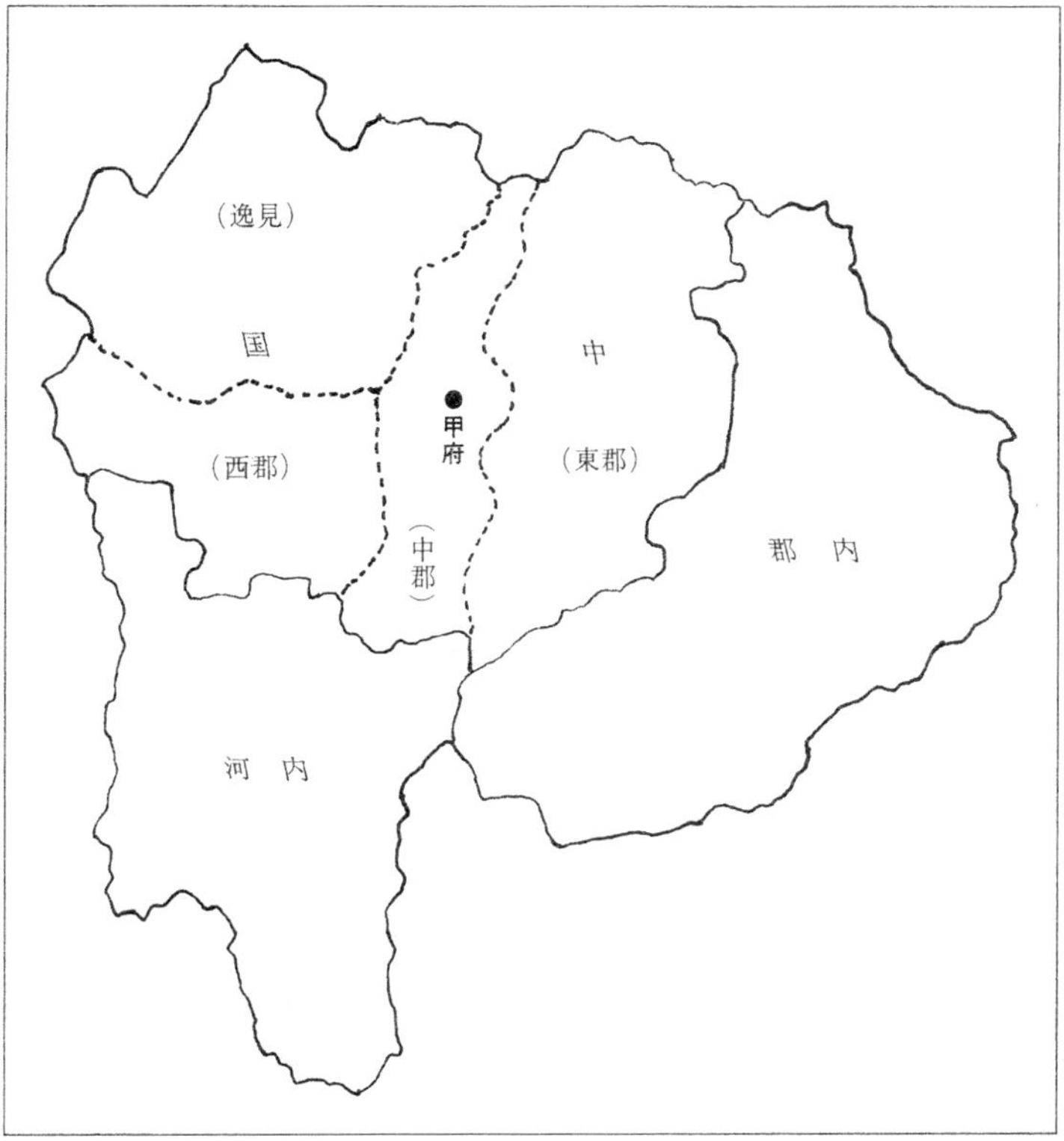

図2　甲斐国地域区分図

中）地域をまず取り上げ、足跡とともに三代の歴史を概観したうえで、歩く便宜を考えて街道ごとに東郡を紹介し、以下地域ごとの代表的遺跡を取り上げて本国甲斐を終え、最後に信玄にとって最も重要でかつ長い戦いとなった信濃における川中島《かわなかじま》の合戦をもって筆をおくことにしたい。

なお、順路や説明の都合上、個々の遺跡の紹介については前記地域区分に必ずしも忠実に従っていないことをお断りしておく。

甲斐府中の信玄

武田信虎と甲府開設

甲府の開設

信玄の父信虎《のぶとら》は、永正《えいしょう》四年（一五〇七）二月父信縄《のぶつな》の死にともない、十五歳で家督を継ぐが、すぐに過酷な運命が待ち受けていた。叔父信恵《のぶよし》の離反である。信恵は以前から家督継承権をめぐって信縄と争いを展開しており、その激しさを『勝山記《かつやまき》』延徳《えんとく》四年（一四九二）条は「甲州乱国ニ成リ始テ候」と表現している。明応《めいおう》三年（一四九四）に信恵を破った信縄は、同七年弟信恵を支持した父信昌《のぶまさ》と和睦《わぼく》、守護の座についた経緯がある。信縄の死直後に信恵が反旗を翻したのはもちろん政権獲得のチャンスと考えたためであるが、信虎は永正五年十月、信恵一族を敗死させ、七年には信恵を支援した郡内の小山田氏とも和睦し、国主の地位を確保した。さらに、十二〜十四年には西郡《にしごおり》の雄族大井信達《のぶさと》・信業《のぶなり》父子を攻め、これを降伏せしめている。こうして国内の主要な反対勢力を支配下に収めることに成功した信虎は館《やかた》の移転をもくろむことになる。

室町時代の歴代守護が館を構えたのは東郡《ひがしごおり》が多い。信重館《のぶしげ》（石和《いさわ》町小石和・成就院境内）、信守《のぶもり》館（八代町北・清道院境内）、信昌《のぶまさ》館（甲府市川田町）などだが、信虎も川田に館を構えていた。館跡の位置は川田町二宮神社付近とされ、御所曲輪《ごしょくるわ》などの地名が残る。同地は昭和六十二年（一九八七）に甲府市によって発掘調査が行われ、明確な遺構は発見できなかったものの、出土遺物等

系図1　武田氏略系図

- 義清—清光
  - 光長（逸見氏）
  - 信義
    - 忠頼（一条氏）
    - 信光—信政—信時—時綱—信宗—信武
      - 信成—信春—信満—信重—信守—信昌
        - 信縄—信虎
          - 晴信（信玄）
            - 義信
            - 竜宝
            - 勝頼—信勝
          - 信繁
          - 信廉
        - 信恵
      - 氏信（安芸武田氏）

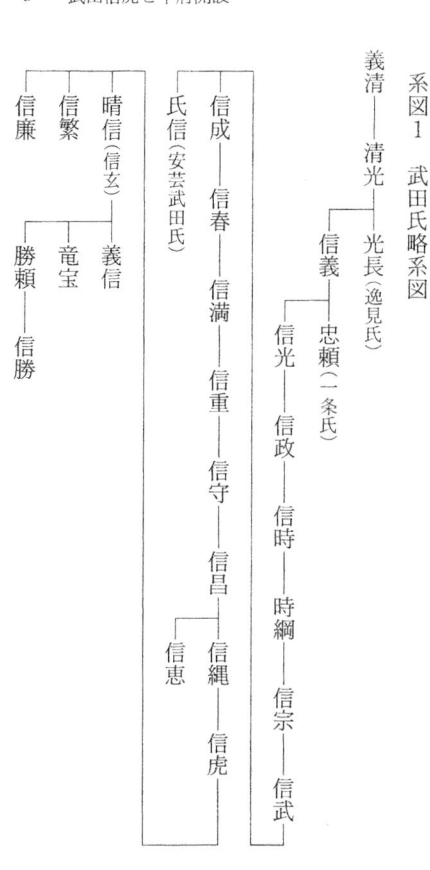

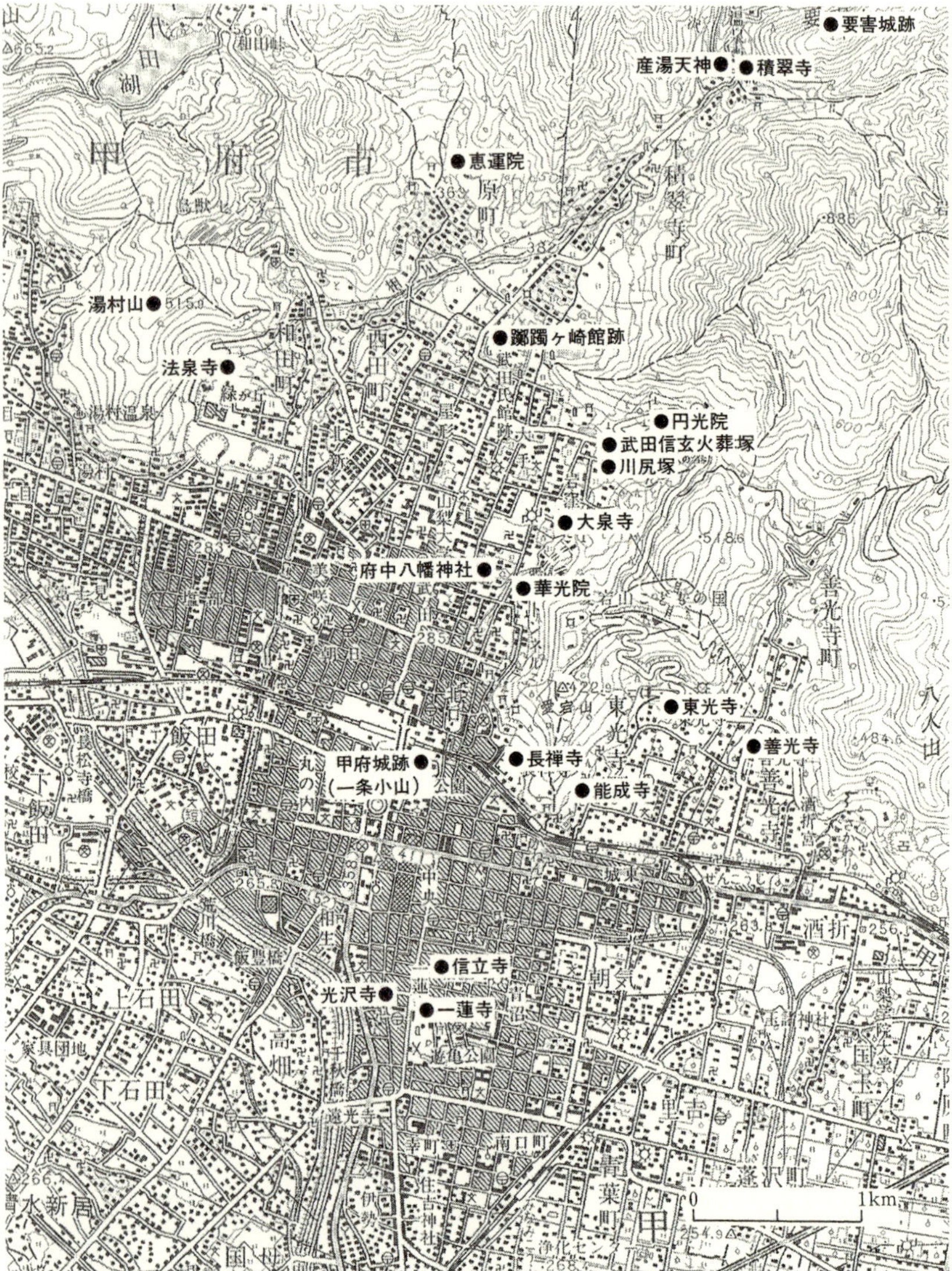
要害城跡
産湯天神
積翠寺
恵運院
湯村山
躑躅ヶ崎館跡
法泉寺
円光院
武田信玄火葬塚
川尻塚
大泉寺
府中八幡神社
華光院
東光寺
善光寺
長禅寺
甲府城跡
(一条小山)
能成寺
信立寺
光沢寺
一蓮寺
0
1km

図3　甲　斐　府　中　の　史　跡

から十五～十六世紀の遺構と確認されている。

移転を決めた信虎は、永正十六年（一五一九）の夏ごろから新館の建設に取り掛かり十二月には入居しているが、みずからが移転するだけではなく服属する国人《こくじん》たちにも移住を強要した。これは当初から城下町の建設を予定していたことを物語るが、在地性の強い国人の反発は強く、翌年五月、栗原・大井・逸見《へみ》（浦）氏らの有力国人を中心に城下を引き払い、それぞれ所領に立て籠もった。しかし、これは信虎にとって予定の行動であったのか、一日に三ヵ所で戦ってすべてに打ち勝つという力の違いを見せつけ、以後三代六十余年の武田氏本拠としての基礎を固めるのである。この新城下を、当時の記録が「甲州府中《ふちゅう》」（『勝山記』）、「新府中」（『高白斎記《こうはくさいき》』）と呼んでいることから、信虎は当初から単なる館の移転ではなく、この地を一国の治所（府中）とする意図を持っていたことがわかる。甲府は「甲斐府中」の略称なのである。

信玄の誕生と要害城

国人の反乱を制圧した後の永正十七年六月晦日《みそか》、詰城《つめじろ》として要害城築城に着手した（図4）。居館と詰城をセットで建設するのは当時の通例のパターンである。防衛のための詰城（山城）の築城を急いだのは、反乱に呼応して甲斐に侵入した駿河勢に対処するためであろう。八月十日には城主として駒井昌頼《まさより》が任じられている。

翌永正十八年に入ると、早くも二月には駿河勢が河内地域に侵入しているが、秋には駿河守護今川氏親《うじちか》の武将福島正成《まさしげ》率いる軍勢が侵攻して、九月六日大島（身延町）の戦いを制し、十六日には甲府盆地西南部の富田城《とだ》（南アルプス市）を落とした。身重《みおも》の信虎の妻大井《おおい》夫人が要害城に難を避けたのは、この富田城落城の報を受けた直後である。夫人は西郡の雄族大井信達《のぶさと》の娘で、永正十二〜十四年の信虎・信達の戦い（大井合戦）の講和条件として信虎に嫁していた。彼女はすでに、のちに今川義元夫人となる娘を生んでおり（永正十六年）、信繁《のぶしげ》・信廉《のぶかど》らの生母でもある。こうしたなか、勢いに乗った福島勢一万五〇〇〇はたちまち甲府城下近くに迫って、竜地《りゅうじ》（双葉町）に布陣した。これを迎え撃った信虎は、十月十六日飯田河原（甲府市）、十一月二十三日上条河原（敷島町）と二度にわたって荒川の河原で戦い、敵将福島正成を討ち取るなど大勝利し、撃退している。この勝利によって信虎は甲斐国主としての地歩を固めることができたのである。この事件に関係するものとして、八幡《はちまん》神社（敷島町島上条）境内に残る板碑《いたび》（町文化財・図5）は飯田河原合戦の戦死者供養のために造立《ぞうりゅう》されたものと伝え、かつては「大永六年丙戌九月」の文字が読めたというが、今はほとんど判読できない。

信玄が生まれたのはこの戦いの最中の十一月三日であり、上条河原合戦勝利後の二十七日、母とともに館にもどっている。幼名は太郎とするのが一般だが、合戦に勝利した時刻に生まれたのにちなんで、勝千代と命名されたという話が『甲陽軍鑑《こうようぐんかん》』に載る。『軍鑑』に虚構が多いのはよく知られるとおりだが、幼名勝千代の件に関しては否定できる史料もなく、両方とも信玄の幼名だったとする説もある。

図4　要　害　城　跡
（要害山）

図5　八幡神社境内の板碑
（飯田河原合戦供養碑）

生誕地とされる要害城（国史跡）は館の北方丸山山頂にあるが、その南麓に臨済宗《りんざいしゅう》の万松山《ばんしょうざん》積翠《せきすい》寺がある（図6）。創建年代は明らかではないが、南北朝時代の夢窓疎石《むそうそせき》を中興開山とするから、館移転以前からすでに所在していたことになる。『高白斎記《こうはくさいき》』は生まれたばかりの信玄は積翠寺から館に戻ったと記録している。山門入口をすぎた先の道沿い左手に産湯《うぶゆ》天神の小祠があり（図7）、本堂裏手には産湯の井戸が残るなど、付近には信玄生誕にまつわる遺跡が多い。館に近いこの寺では、天文《てんぶん》十一年（一五四二）三月九日、今川為和《ためかず》を迎えた時に和歌の会が開かれたのをはじめ、十五年七月二十六日京から勅使として下向してきた三条西実澄《さんじょうにしさねずみ》・四辻季遠《しつじすえとお》を迎えたとき、また、翌年四月五日の帰洛時にはたまたま在甲していた為和も参加して和漢連句の会が催されるなど、風流接待の場としても活用された。十五年の連句の記録は今も同寺に残されるが（市文化財）、この中には「心もて染ずはちらじ小萩原」の初句を含め、信玄の発句《ほっく》六句が納められており、戦国武将の教養の一端を窺うことができる。

要害城への登り口は、積翠寺の北にある要害温泉の前からである（図8）。標高七七〇メートルの山頂まで三〇分ほどだが、途中の尾根には削平された郭《くるわ》がつづき、頂上の主郭部は東西七三メートル、南北二二メートルほどで、周囲を土塁が囲む。頂上から足下に見える館とその先に広がる甲府盆地の眺望はすばらしい。遺構は主郭からさらに南東の尾根につづき、防衛機能を高めている。実際に利用された記録は前記福島正成乱入時のみだが、その後も詰めの城として維持され、長篠《ながしの》の合戦に敗

図6　積　　翠　　寺

図7　産　湯　天　神

図8　要害城跡への登り口

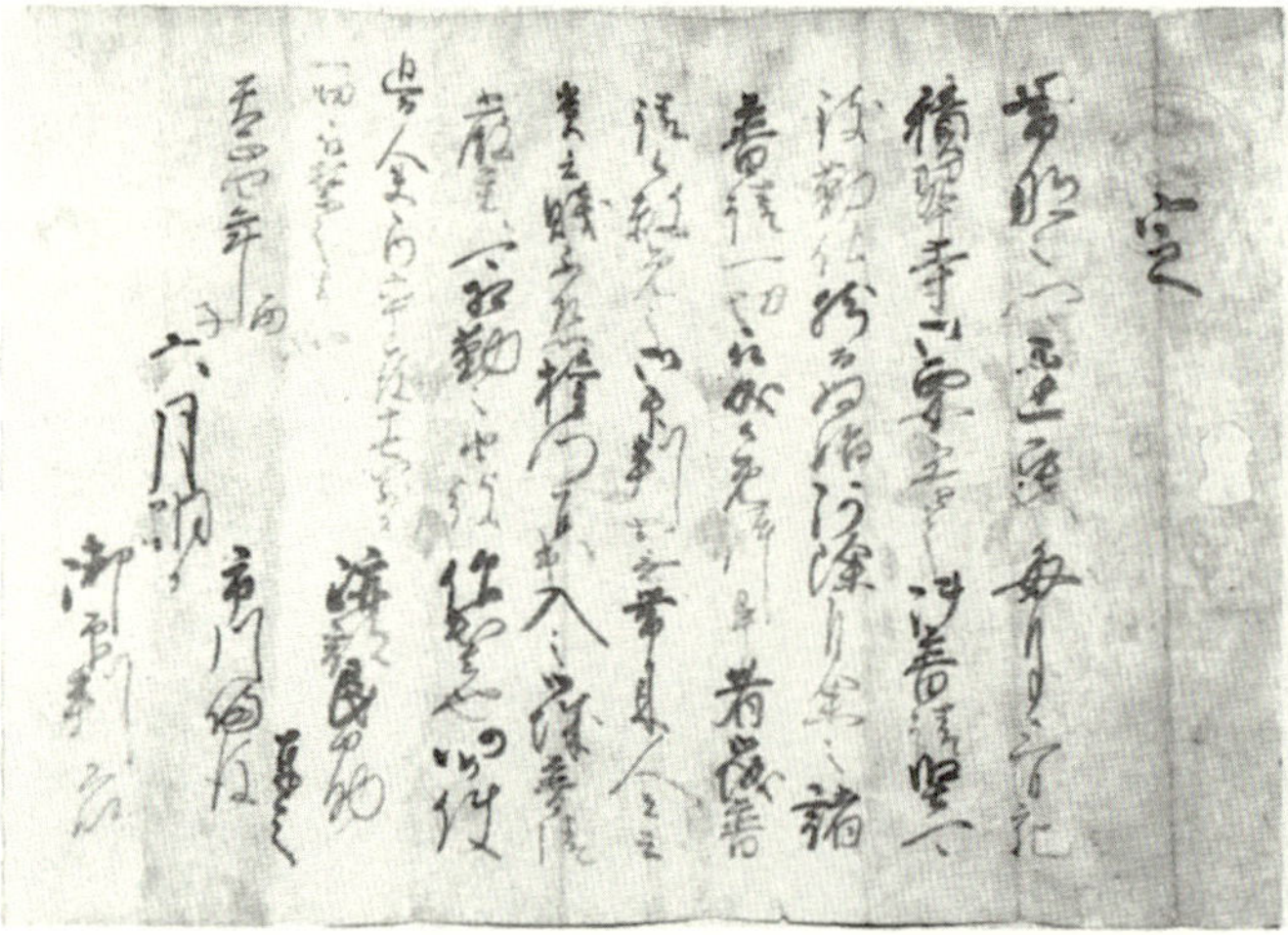

図9　天正4年6月朔日武田氏朱印状（帯那郷住人に要害城普請への動員を命じたもの。石和町・三枝英人所蔵）

れた翌年の天正《てんしょう》四年（一五七六）、侵攻される危険を予測したためか帯那《おびな》郷（甲府市）の住人を動員して当城の修築を行なっている（図9）。天正十年の武田氏滅亡後も館とともに使用されており、廃されたのは甲府城築城後の慶長《けいちょう》五年（一六〇〇）のことという（『甲斐国志』）。

躑躅ケ崎館

要害城の眼下に広がる館の東側に延びる尾根にはツツジの花が咲き乱れ、信玄が遊覧のため亭を造ったという。今その面影はないが、これにちなんで館は躑躅《つつじ》ケ《が》崎館《さきやかた》と呼ばれる。この館も国史跡で保存整備が進められているが、その現状および復元遺構は別図10のとおりである。構造上の特徴を見よう。

東・中曲輪《くるわ》の方形の部分が当初設けられた館に相当する。南正面の木橋は本来なく、東の土橋が大手口であった（図11）。大手の東側には小高い馬出《うまだし》土塁の痕跡が残る。大手を入ると、右手に宝物館、ついで信玄を祀る武田神社が南面して並ぶ。東・中曲輪の境の土塁《どるい》・石塁《せきるい》は大正七・八年（一九一八・一九）の神社建設時に取り払われ、左の南半部は平地になっているが、平成七年（一九九五）の調査で中曲輪南部から庭園状遺構が発見されている。周囲の土塁北西隅には石垣が積み上げられ、天守台《てんしゅだい》と呼ばれているが、武田氏滅亡後の築造と考えられる。なお、出入口は大手以外に北と西に堀を横断する土橋が設けられ、それぞれ御隠居曲輪・西曲輪と結ぶ。

西曲輪は東・中曲輪の西に位置し、土橋で結ばれて南北に長い。増設時期は天文二十年（一五五一）の信玄の嫡子義信《よしのぶ》婚姻時ともいうが、明らかではない。南・北に枡形虎口《ますがたこぐち》（出入口の周囲

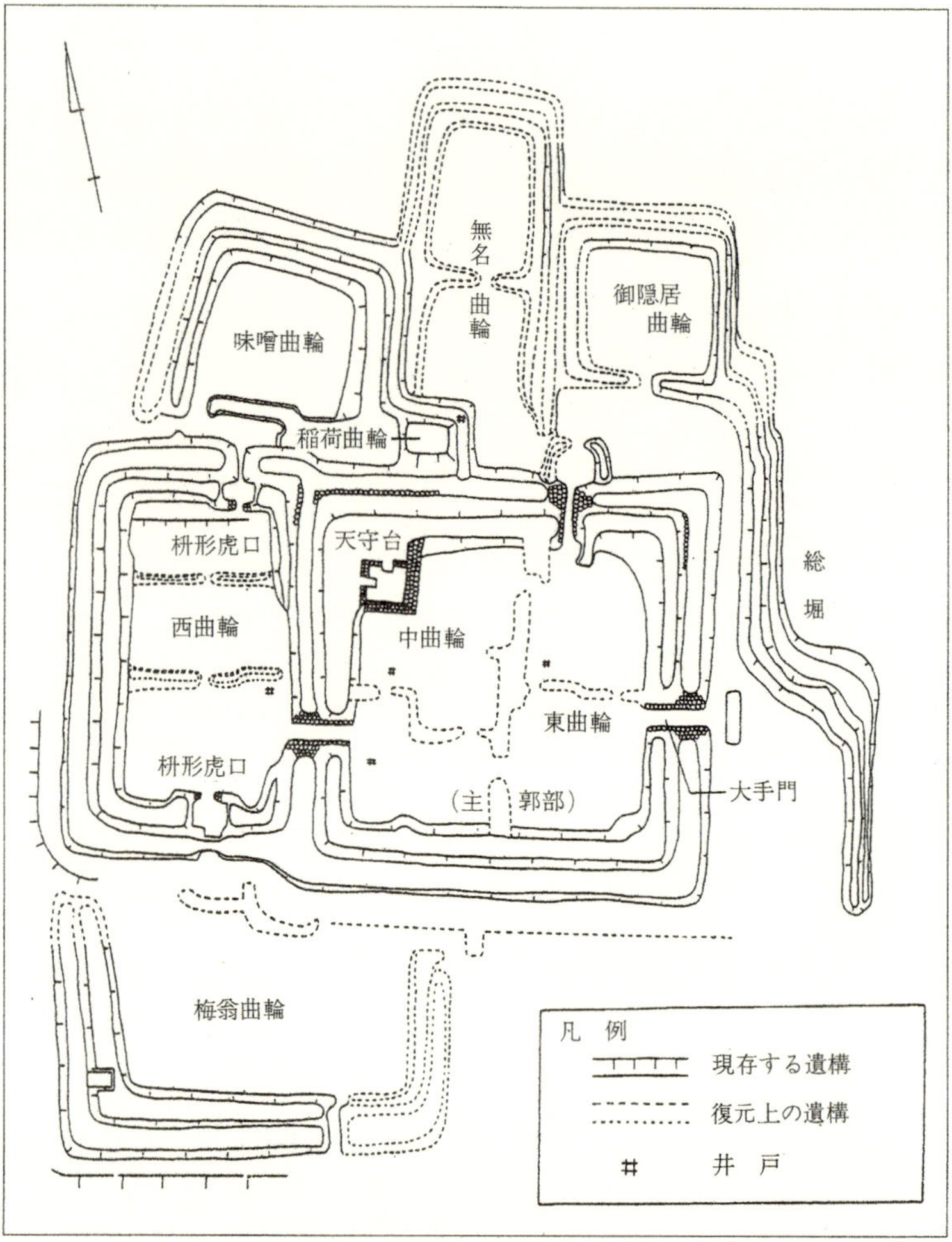

図10　躑躅ヶ崎館曲輪配置図
(『甲府市文化財調査報告史跡武田氏館跡』VIIより)

を方形に土塁で囲み、中央部のみを切って外部と結ぶ出入口。図13）が設けられ、北は土橋で堀を渡り、南は堀幅が狭められているから木橋が架設されて外部と連絡していたと思われる。曲輪内には重要文化財旧睦沢《むつざわ》学校校舎（藤村《ふじむら》記念館）が移築されている（図12）。

西曲輪から枡形虎口を通って北に進むと、東から一《メー》〓《トル》ほどの高さの馬出土塁が東から延び、その北に土塁に囲まれてほぼ正方形に味噌曲輪が広がり、その東に三曲輪が並ぶ。稲荷《いなり》曲輪は城の鎮守御崎《みさき》（稲荷）明神を安置したためにその名があり、御隠居曲輪は信虎の妻大井夫人の隠居所と伝え、もう一つは曲輪名が伝えられていない。

西曲輪の南に位置する梅翁《ばいおう》曲輪は東半分が失われているが、西・南部には今も水堀・土塁をめぐらせている（図14）。時期的にはこの曲輪が最も新しく、武田氏滅亡後の平岩親吉《ちかよし》時代（天正十〜十八年）に増設されたものという。

このように躑躅ヶ崎館は最初方形の単郭で始まり、その後しだいに曲輪が増設されて戦国大名の居所としてふさわしい規模を保持し、武田三代のみならず、武田氏滅亡後も文禄《ぶんろく》・慶長《けいちょう》年間（一五九二〜一六一五）に甲府城が建設されるまで、甲斐の治所としての役割を担うのである。

防衛機能の強化

駿河勢の侵攻を撃退した信虎は、大永《だいえい》三年（一五二三）湯村山、四年一条小山に城を築いた。湯村山は館のある相川扇《あいかわせん》状地《じょうち》の西に突き出した尾根の先端部、一条小山は東の山陵南端部にある孤丘であり、前者には現在遊歩道が設けられており、山

図11　躑躅ヶ崎館
大手口

図12　躑躅ヶ崎館西曲輪内に移築された旧睦沢学校校舎（藤村記念館）

図13　躑躅ヶ崎館西曲輪から味噌曲輪へ続く枡形虎口

図14　躑躅ヶ崎館梅翁曲輪水堀（松木堀）

図15　甲　府　城　跡

頂には土塁などの遺構が残る。一方、一条小山は鎌倉時代初期に甲斐《かい》源氏《げんじ》惣領《そうりよう》の立場にあった一条忠頼《ただより》が館を構えたところで、元暦《げんりやく》元年（一一八四）六月十六日鎌倉御所に呼び出されて忠頼が源頼朝に謀殺された後、館は夫人によって尼寺とされたが、末孫の一条時信が時宗《じしゆう》二祖真教《しんきよう》に帰依《きえ》して正和《しようわ》元年（一三一二）一条道場一蓮寺《いちれんじ》を創建している。信虎が築いた城は一条小山の山頂に設けられ、南麓に一蓮寺が位置したと思われるが、近世初頭この地に甲府城が築城されたのにともない、寺は現在地（太田町）に移転した。甲府城（県史跡、図15・43～45）は現在県によって整備が進められており、まもなく稲荷櫓《いなりやぐら》の復元もできあがる見込みである。こうして北の要害城・西の湯村山城・東の一条小山に守られる形で相川扇状地上に営まれた城下町甲府は、武田氏の本拠として発展していく。

社寺の整備・創建

館移転直後には国人《こくじん》の大量退去事件があったが、城下の整備は着々と進められた。近世の絵図を見ると、館の周囲には有力家臣の屋敷が数多く描かれている。現在までのところ発掘調査などによってその位置が特定されるまでにはなっていないが、たとえば、天文《てんぶん》二十一年（一五五二）に建築された駒井政武の屋敷は周囲を塀で囲み、道路に接する南と東に門を構え、内部には座敷（主屋カ）・上段の間（接客の建物カ）・厩《うまや》・土蔵などの建物が建ち並んでいた（『高白斎記』）。こうした家臣団屋敷と並んで社寺も城下を構成する重要な要素である。信虎も館《やかた》造営とともに、既存寺院の整備と合わせて多くの社寺を移転・創建しているが、そのうちのいくつかを紹介しよう。

〔恵運院《えうんいん》〕　当寺は館より西の塚原町の集落北端にある曹洞宗《そうとうしゅう》寺院である（図16）。長松山《ちょうしょうざん》。信虎の父信縄《のぶつな》が旧真言宗《しんごんしゅう》寺院を再興してみずからの菩提寺《ぼだいじ》とし、清遠《せいおん》を住持としたのにはじまる。永正《えいしょう》四年（一五〇七）の信縄逝去後、館を移した直後の信虎が、大永《だいえい》三年（一五二三）定津《じょうしん》院《いん》（長野県小県《ちいさがた》郡東部町）から雪田宗岳《せつでんそうがく》を開山として迎えた。同寺に残る雪田の画像（県文化財）は信玄の弟信廉《のぶかど》（逍遙軒信綱《しょうようけんしんこう》）が永禄《えいろく》六年（一五六三）に描いたものだが、その賛によれば雪田は二世と表記されるから、清遠を開祖とし、みずからは二世を称したらしい。その後一時定津院は五世として当寺を離れたが、請われて再住し、当寺で生涯を終えた。その間武田氏の庇護も厚く、

図16　恵　運　院

図17　楳　樹　碑

信虎が塚原山・権現山・鐘推《かねつき》堂山を寄進しているのをはじめ、信玄は天文十二年（一五四三）成島四貫六〇〇文の地および同十七年中込の地を、勝頼は天正《てんしょう》六年（一五七八）末寺の駿河観昌院分の寺領を寄進しているほか、信玄の弟松尾信是《のぶこれ》の老母（信虎の側室）が天正五年に塚原で五七〇銭の地を寄進した文書などが残る（市文化財）。今も境内には多くの梅の樹を見ることができるが、惣門《そうもん》を入った左手には信玄お手植えの梅の樹があり、「当山梅花一枝一折之輩《ともがら》者、可レ截二一指一者也《いっしをきるべきものなり》」との禁制《きんぜい》が掲げられていたという。享和《きょうわ》二年（一八〇二）、同樹が枯れたのを惜しみ、そのひこばえに接ぎ木して植え直したことを記した「楳樹碑《ばいじゅ》」は、甲府勤番支配滝川利《とし》雍《やす》撰文、甲府学問所（徽典館《きてんかん》）教授富田武陵《とみたぶりょう》の手になるものである（図17）。

〔府中八幡神社〕　当社は館の移転とともに、その西に創建された（図18）。承久《じょうきゅう》年間、武田信光が氏神《うじがみ》として鎌倉の鶴岡八幡宮《つるがおかはちまんぐう》を勧請《かんじょう》して創建した石和《いさわ》八幡宮を、当地に移転したものという。武田氏の崇敬篤《すうけいあつ》く、境内には武田氏当主の社参の際に利用されたと思われる門と塀に囲まれた美麗な板葺《いたぶき》の亭が設けられた（弘治《こうじ》三年十二月二日武田信玄判物）。それだけではなく、信玄は三輪《みわ》神社（南アルプス市）の今沢氏を当社神主に任じたうえ、永禄三年（一五六〇）には、国中地域一六一社に対して二社が組になって二日ずつ当社へ勤番するよう命ずるなど国中地域の神社統制の中心的役割を与えている。具体的な事例はほとんどわからないが、『甲陽軍鑑』には戦場への出立に際して社参して戦勝を祈誓《きせい》したり（巻九）、上野国《こうずけのくに》への出陣前に境内で流鏑馬《やぶさめ》を催し

図18　府 中 八 幡 神 社

図19　古　八　幡　社

たり（巻一〇）、公事《くじ》に際して神楽《かぐら》を奉納する（巻一八）などの記事が散見し、当社が信玄自身の信仰や家臣団統制のための精神的支柱だった様子の一端を伝えている。武田氏滅亡後の文禄《ぶんろく》年間（一五九二～九六）、館南部の現在地に移され、甲府城の鎮守として崇敬されたが、昭和二十年（一九四五）の空襲で焼失、旧観を失った。現在本殿・拝殿などは再建されているが、旧址である相川小学校校庭西の峰本自治会館裏にも古八幡社の小祠が残る（図19）。

〔大泉寺〕　大永《だいえい》年間（一五二一～二八）に天桂禅長《てんけいぜんちよう》を開山として創建され、広厳院《こうごんいん》とともに甲斐曹洞宗《そうとうしゆう》八百ヵ寺の僧録司を務めた。万年山。信虎の菩提寺《ぼだいじ》で、二世吸江英心《きゆうこうえいしん》は彼の弟である。永禄七年に火災に遭うが同十年再興された。四世安之玄穏《あんしげんのん》は天文《てんぶん》二十二年（一五五三）に描かれた信玄の母大井夫人の画像（甲府市・長禅寺所蔵）に着賛するなど信玄との関係も深く、信玄も永禄元年に早世した娘桃由童女《とうゆうどうじよ》の菩提供養《ぼだいくよう》のために当寺に寺領を寄進している。

また、元亀《げんき》元年（一五七〇）十二月一日、当寺に寺領を寄進して塔頭黄梅院《たつちゆうおうばいいん》の造立《ぞうりゆう》を命じたのは長女の菩提供養を願ってのことである（図20）。彼女は天文十二年生まれで、二十二年正月北条氏政《うじまさ》との婚約が成立し、翌年十二月氏政のもとに嫁した。すでに二十一年には信玄の嫡男義信のもとに駿河の今川義元の娘が嫁しており、二十三年七月には相模の北条氏康《うじやす》の娘と義元嫡子氏真《うじざね》との結婚が履行《りこう》されているから、黄梅院殿《おうばいいんでん》の結婚は甲斐の武田・駿河の今川・相模の北条三氏間の連合を保証する最後の血縁関係の実行ということになり、これによって三国同盟が成立す

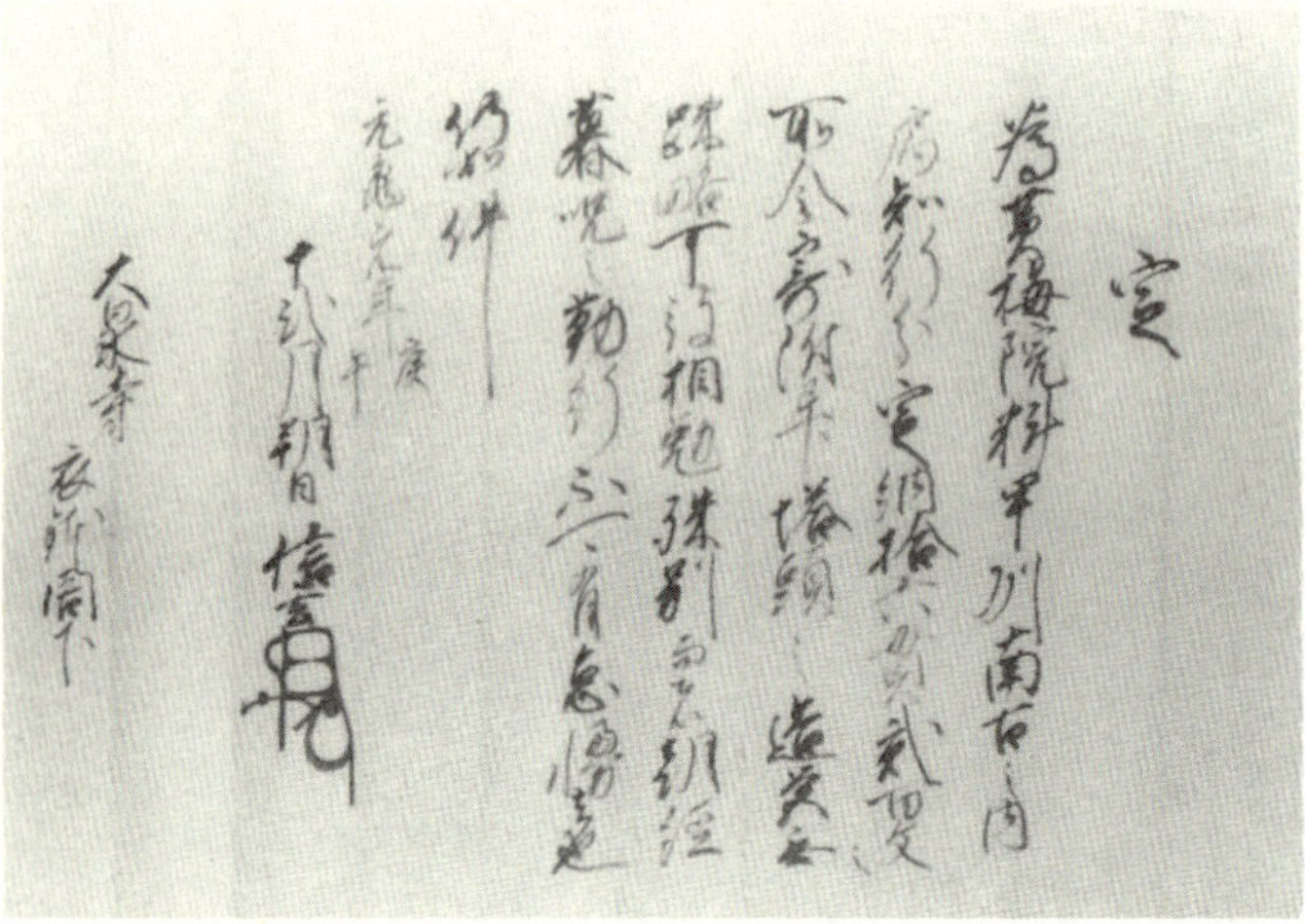

図20　元亀元年12月朔日武田信玄判物（黄梅院料を寄進し塔頭造立を命じたもの。甲府市・大泉寺所蔵）

るこことなった。輿《こし》入《い》れの様子は、「御供ノキ（騎馬）ハ甲州ヨリ三千キ、人数ハ一万人、長持《ながもち》四十二丁、承取リ渡ハ上野原ニテ御座候、相州ヨリ御迎イニハ遠山殿・桑原殿・松田殿、是モ二千キ計ニテ罷越《まかりこし》候《そうろう》、去ル程ニ、甲州ノ人数ハ皆ナ悉《ことごと》ク小田原ニテ越年食《め》サレ候、小山田弥三郎両国一番ノシツケノ人ニ被レ取ラ候、小山田殿ノ御内《みうち》ニハ小林尾張守殿、氏安（康）ノ御座へ御参候、加様ナル儀ハ末代ニ有間敷《あるまじく》候間、書付申候」と『勝山記』が記すような言語を絶する壮麗さは、武田・北条両氏の同盟成立に対する期待の大きさを物語るものであるが、信玄は黄梅院殿の弘治三年（一五五七）および永禄九年（一五六六）の懐妊に際して安産を祈る願文《がんもん》を冨士御室浅間神社（勝山村）に残しており、行列の豪華さは娘に対する信玄の個人的感情の表れとみることができなくもない。ところが、永禄三年の桶狭間《おけはざま》の合戦で義元が敗死すると、後継者である今川氏真《うじざね》の器量に不安をいだいた信玄は今川氏との決別を決意し、永禄十一年十二月ついに駿河へ侵攻して氏真の居城駿河城を攻めて攻略した。その間、黄梅院殿は氏政との間に氏直・氏房ら四子をもうけていたが、違約を怒った北条氏によって離別され、帰国後まもなくの十二年六月十七日逝去してしまった。そのため、南古（南アルプス市）の内で一六貫二〇〇文の地を与えて供養させることになったのである。塔頭黄梅院はその後双葉町竜地《りゅうじ》に移され、明治初年に廃寺となった。現在は跡地に五輪塔など数基の石造物が祀られる（図21）。

創建者である信虎は天文十年（一五四一）六月甲斐を追放され、娘定恵院殿《じょうけいいんでん》の嫁ぎ先である今川氏のもとに留まっていたが、永禄十一年に信玄の駿河侵攻がはじまると、また追われて京での生活を余儀なくされた。信玄死後帰国の途についたものの、天正《てんしょう》二年（一五七四）三月五日高遠《たかとお》で死去し、追放後ふたたび甲斐の土を踏むことはなかった。しかし、遺骨は当寺に葬られることとなり、葬送仏事が盛大に営まれるとともに、翌年子逍遙軒《しょうようけん》が描いた画像（重要文化財）が納められ、今に伝えられている。

文化年間（一八〇四〜一八）と空襲の二度の火災で伽藍《がらん》の大半を失うが、総門（市文化財・図22）が焼失を免れたほか、先の信虎画像をはじめ呉太素《ごたいそ》筆の松梅図（重要文化財）、信虎・信玄が

図21　黄梅院跡に残る五輪塔や石造物

図22 大 泉 寺 総 門

使用したと伝える山伏笈《おい》二基・中世文書二〇点（県文化財）、信玄寄進という紺紙《こんし》金泥《こんでい》法華経《ほけきょう》（市文化財）などが伝存する。なお、本堂左手奥にある霊廟《れいびょう》背後には三基の石塔が並び、信虎の墓として県指定されるが、中央の五輪塔（相輪後補）と左の宝篋印塔《ほうきょういんとう》が彼の墓と考えられている。

〔華光院〕　大泉寺南部の愛宕山麓にあり、境内からは上府中市街を眼下に収めることができる。大永《だいえい》年間（一五二一〜二八）信虎によって荒神堂として創建され、その後現在地に移されて山号を真如山《しんにょざん》、寺号を良林寺《りょうりんじ》と称したが、華光院《けこういん》の名で知られている。移転は信玄によって天文十年になされたと伝えるが、武田氏滅亡後の慶長末年（一六一五）のことともいう。明治十三年（一八八〇）に明治天皇は山梨・長野・三重・京都を巡幸し、その際山梨県においては信玄所縁の七社寺に対して計一六〇〇円の保存資金が下賜されるが、当院は大泉寺・円光院・長禅寺・善光寺（以上、甲府市）・恵林寺（塩山市）・山梨岡神社（春日居町）と並んで、対象社寺の一つに選ばれている。

戦国都市甲府

信虎退隠と新国主信玄

天文《てんぶん》元年（一五三二）九月に浦信元《うらののぶもと》を降伏させて完全に甲斐国内の反勢力を一掃した信虎《のぶとら》は、国人《こくじん》と結んで侵入を繰り返してきた信濃の諏訪《すわ》氏と四年九月に和睦《わぼく》した。これは、駿河今川氏との関係が険悪となったことに対処するためであったと考えられる。同年八月十九日には富士川沿いの万沢口《まんざわぐち》（南部町）で両軍の衝突があり、直後の二十二日には籠坂《かごさか》峠（山中湖村）から侵入した今川勢によって上・下吉田の町が焼き討ちされ、小山田弾正《だんじょう》・勝沼信友以下数百人の戦死者を出すなど苦戦を余儀なくされていたからである。

そうしたなか、翌五年正月十七日、太郎（信玄）は元服して従五位下・左京大夫に任じられ、三月、将軍足利義晴《よしはる》から偏諱《へんき》を許されて晴信《はるのぶ》を名乗ることになった。その直後の同月十七日対立していた駿河守護今川氏輝《うじてる》が急死、死去後の後嗣《こうし》問題に介入して信虎《のぶとら》が義元《よしもと》を支持したことによって事態は急展開する。六月八日の合戦に勝って当主になった義元は、信玄が三条公頼《きんより》の娘と結婚する仲介をしたといい、翌六年二月には信虎も義元のもとへ信玄の姉（定恵院殿）を嫁がせるなどして甲駿間に同盟関係が成立したのである。こうして、今川・諏訪氏と結んだ信虎がめざしたのは、信濃佐久郡である。侵攻を開始したのは九年五月のことで、一日に三六城を攻め落とす勢いだったという（『勝山記』）。十一月には諏訪氏の当主頼重に娘禰々《ねね》を配してその関係を強め、十年五月にも佐久・小県《ちいさがた》郡方面へ信玄とともに出兵、勝利を収めて六月四日館にもどった。

事件が起こったのは一〇日後の十四日である。信虎はわずかな伴を連れて駿河の今川義元のもとへ向かった。用件はわからない。娘に会いたい程度の軽い気持ちだったかも知れないが、信玄はその行動に即座に対応し、部下を追尾させて駿河との国境を閉鎖し、信虎の帰国を許さなかった。出立の事実が甲府でわかったのは十六日だったというから、かなりの隠密行動だったといえるが、信玄の反応の早さを考えると、信玄による計画的な事件で、隠密さも彼の意図的な隠蔽工作によると見ることもできよう。子が親を追放するという異常な事件だが、当時の記録がいずれも信玄の行為をまったく非難しておらず、「（信虎が）余《あまり》ニ悪行ヲ被レ成候間《なされそうろうあいだ》、カヤウニ被レ食候《めされそうろう》、去ル程ニ地家・侍イ・出家・男女共ニ喜、満足至候事無レ限《（に）いたりそうろうことかぎりなし》」（『勝山記』天文十年条・図23）と、かえって信虎から信玄への領主の交替を歓迎している記述となっているのは、うちつづく戦乱や飢饉・天災に苦しんでいた領民が政治の変化を望んでいたことを示している。このクーデターの

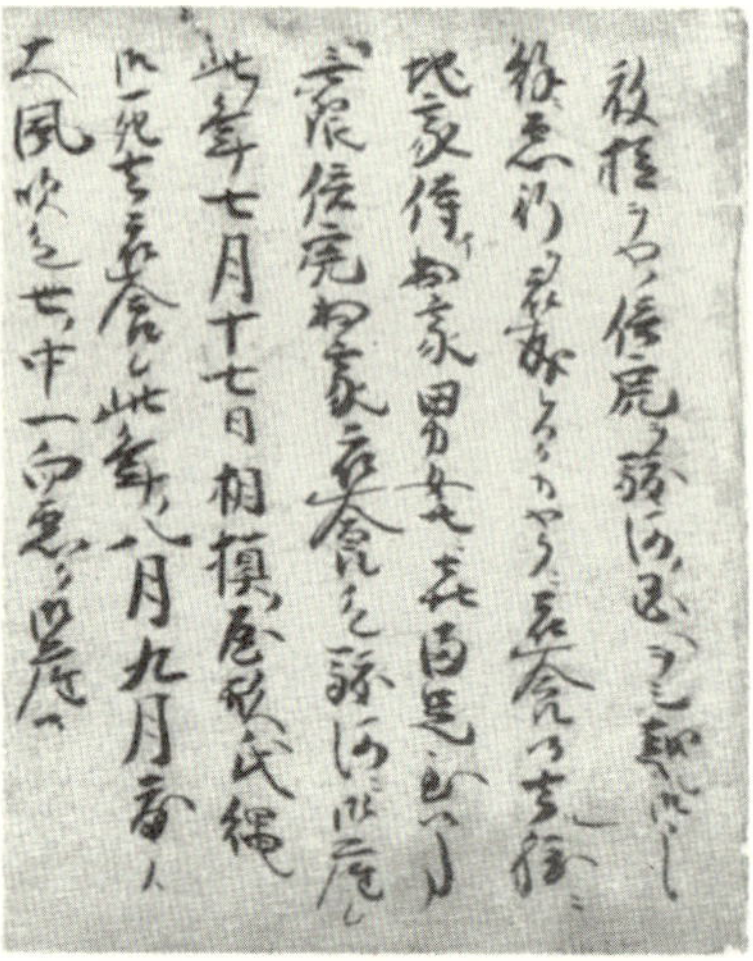

図23　『勝山記』天文10年条

結果、信玄は甲斐の国主となった。

街路の整備

信虎時代にはじまった城下町の整備は、新しい国主のもとでも進められていく。天文《てんぶん》二年（一五三三）に館《やかた》と城下を焼いているが、信玄の国主就任直後の同十二年にも火災があった。正月朔日、武田道鑑《どうかん》屋敷から出火した火事で館を焼失した信玄は、一時高白斎《こうはくさい》（駒井政武）の屋敷を居所としたが、二月二十四日今度は萩原彦次郎宅を火元に再度火災が発生したため、より安全な別の屋敷に移っている。記録に残るのは以上の三回のみだが、当時の城下の町屋は草葺《くさぶき》が多かったと考えられているから、火災が発生すると被害は大きかったはずで、天文十七年の府中への田畑・新屋敷の増設制限もこうした事態に対処するためだったかも知れない。

城下町は館の南、東西約一・五キロ、南北約二・〇キロの相川扇状地《あいかわせんじょうち》に展開した。近世の絵図（図24）や『甲斐国志』の記述、現況地形や地名などを手掛かりに当時の街路を復元すれば、つぎのとおりである。

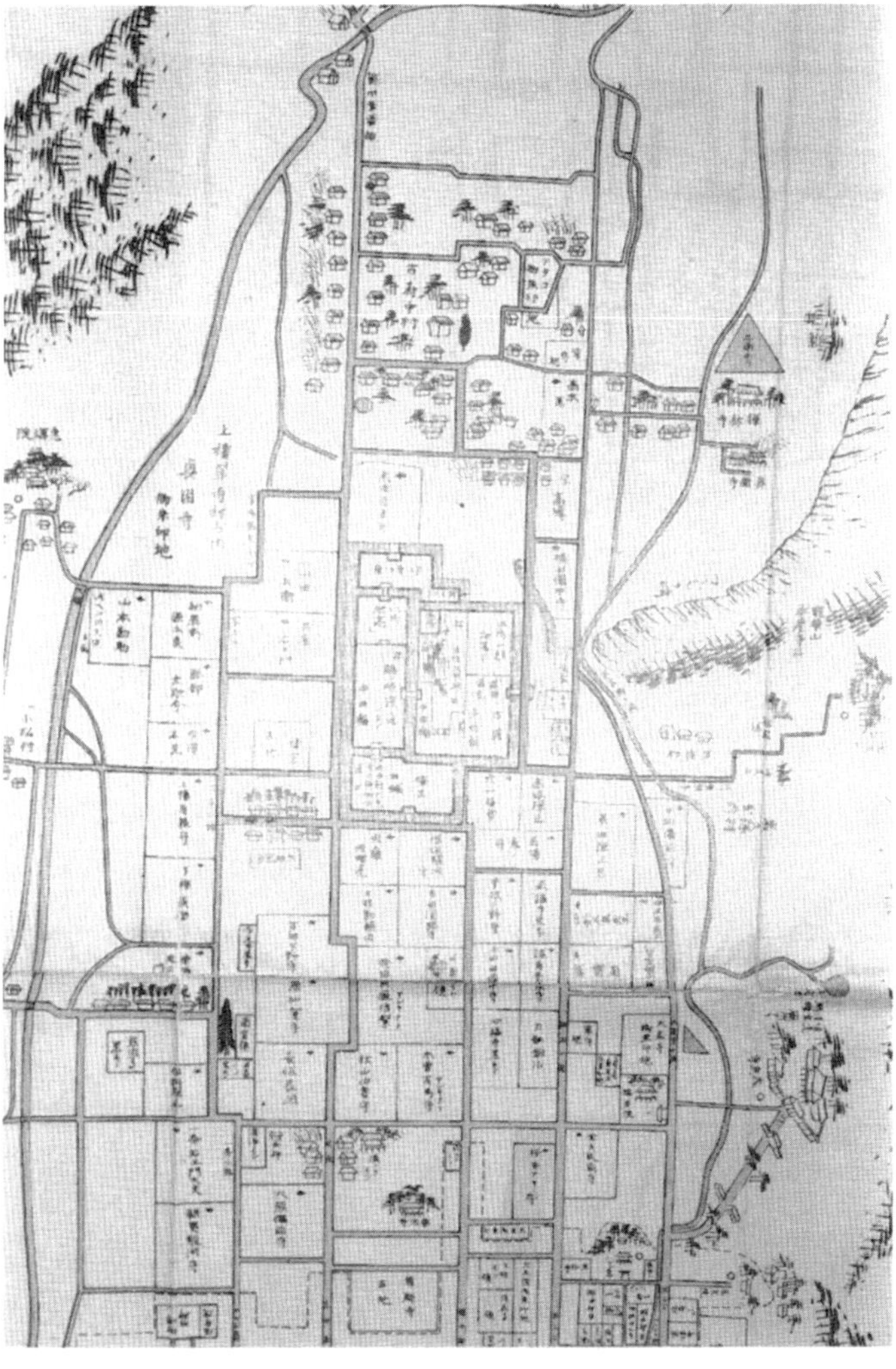

図24　甲　府　古　絵　図（江戸時代後期書写の絵図を大正7年に刊行したもの。山梨県立図書館所蔵）

南北方向には五本の道が走る。館の大手口を出て下るのが、江戸時代元城屋《もとじようや》町通りと呼ばれた道筋である（図25）。中世には鍛冶小路《かじこうじ》・城屋小路と呼ばれ、大手前より北に延びる古籠屋《ふるろうや》小路へとつづく。その道から分かれて一番東寄りにあるのが大泉寺小路である。元城屋町通りの西を近世には元柳町通りといい、これが現在甲府駅北口から館跡に向かって真っ直ぐ北上する道にほぼ相当する。かつて広小路《ひろこうじ》・柳小路・連雀《れんじやく》小路と呼ばれた道路で、館直下には現在の道の西に旧道が残る。館の西端を下るのが近世の増山町通り（図26）、中世の御崎小路・工《たくみ》小路である。この道は北に延びてもがり小路と呼ばれた。最も西に位置するのが御厩《おうまや》小路・南小路・一条小路であり、途中から塚原方面に向けて一道が分岐していた。六方《ろつぽう》小路である。その分岐点付近は明治三十九〜四十二年（一九〇六〜〇九）の歩兵四十九連隊兵舎建設により、また、五本の道の南端部は近世の甲府城下町上府中として再編されたため道筋は失われたが、他はほぼ現在の地形上に旧道の位置をたどることができる。

東西方向の道については、南北方向ほどはっきりしないが、何本かが確認できる。一つは館北部でもがり小路と古籠屋小路をつなぐ聖道《しようどう》小路である。聖道は盲目だった信玄の次男海野信親《うんののぶちか》の出家名で、この付近に彼の屋敷があったために小路名になったといい、墓と伝える宝篋印塔《ほうきよういんとう》が今も道端に残るが（図27）、道筋は現況地形の上にはたどれない。梅翁曲輪《ばいおうくるわ》の南を円光院前に進む道を二屋横手《ふたつやよこて》といった。現在の護国神社前の道に相当しよう。この道を東進すれば茶道《ちやどう》峠を

図25　大手口から南へ下る
元城屋町通り跡

図26　梅翁曲輪西端を南下する増山町通り跡

図27　聖道の墓と伝える宝篋印塔

越えて善光寺に至ったというが、峠道は現在ほとんど通行不能である。ついで、広小路横宿の名が見える。字《あざ》広小路の南端で現在の山梨大学教育人間科学部の北縁を東西に走る道に相当するのであろうか。穴山小路は江戸時代に元穴山町と呼ばれた通りがあったところで、現在の県立甲府第一高校前の東西通りのこととされる。

以上のほか、場所が特定できない近習《きんじゅう》小路・番匠《ばんじょう》小路・銀《しろがね》町・お小人《こびと》町などの町名も知られる。このように城下は東西南北の道路を基準として多くの小路・町で構成され、鍛冶・工・連《れん》雀《じゃく》・番匠《ばんしょう》などの小路の存在から窺えるように職人集団の集住が図られる一方、広小路には跡部《あとべ》美作守《みまさかのかみ》らの武士以外に京饅頭《きょうまんじゅう》屋森村忠右衛門が住み、六方小路にも下条《しもじょう》讃岐守《さぬきのかみ》らの武士とともに番匠孫三郎が居住するなど武士と町人の居住区が明確に区分されていなかったようであるが、戦国大名武田氏の城下町として多くの小路で構成された甲府は、戦国城下町の典型的事例の一つに数えられる。

城下には酒屋もあった。『甲陽軍鑑』は、信玄を中心とした武田三代の事績にもとづいて兵法の要諦《ようてい》を説いた軍学書で、江戸時代に広く流布したため、信玄の名と行動を世に広めるのに大きく貢献したが、内容的には年紀に誤りが多く、また同書が創造したとみられる合戦記事も少なくないため、史書としては信頼を置くに足りないと評される一方、記事の中には確実な史料にもとづくものと考えられる箇所もあり、また、戦国期の武士の考え方や当時の生活の実態を知るうえでは貴重な情報を提供するものとして利用されてもいるが、同書巻一八に載るつぎの話は後者の好例で、城下の生活の一こまをかいま見ることができる。

連雀小路に玉屋という酒屋があったが、そこは「代をいだして酒をのむ」ことのできる店、つまり現在の居酒屋のような店であった。そこへ、同心の功刀左大夫《くぬぎさだゆう》と信玄の持弓衆《もちゆみ》だった小宮山八左衛門という侍が、相談事のために立ち寄り、打ち合わせをした後、「やうじ(用所)よおわりて、酒づき(盃)出て、しばらくさしつさゝれつ、さかづきをめぐら」したというのである。その後、客の出入りをめぐって店との間でトラブルが発生するのであるが、それはともかくとして、ここでは代（代金）を受け取って酒を飲ませる店の営業が認められていたことに注目したい。ちょっとした相談をした後で、酒を酌み交わすことは我々もしょっちゅうやることであり、「さしつさゝれつ」との表現は現在の居酒屋の雰囲気を思い浮かばせるもので、酒飲みの筆者にとって、戦国時代の甲府城下をひどく身近に感じさせてくれる。内容から玉屋が特権的な営業だったとは思われないから、同様な酒屋は他にもあったはずで、前掲した京饅頭屋の存在も含めて、城下に住む人々の日常生活を窺わせる挿話といえよう。

八日市場と三日市場

甲府城下の南端部にはそれ以前から発達していた一蓮寺《いちれんじ》寺内町があり、その両端に八日市場と三日市場が設けられた。この地域には武田氏滅亡後に甲府新城下が建設されたため、現在はまったく当時の痕跡を残していないが、三日市場は近世の元三日町、八日市場は八日町付近にあったともいう。この二つの市場は城下の需要をまかなう物資の集積地であるとともに、武田領国の経済的中心地として諸街道が集中し、八日市場は伝馬《てんま》宿《しゅく》としての機能も果たしていた。一蓮寺寺内町が交通の要衝にある町場として発展してきたことは、東町・西町屋・横町屋などの名が史料に散見することからも窺えるが、城下建設に際してその両端に市場を配置することによってその機能を吸収しようとしたのであろう。甲府の西端の南北道路が一条小路と呼ばれるのは、一蓮寺（一条道場）寺内町との接続を意識したためとみてよかろう。

史料が残る八日市場の場合を見ると、同地は「町人等相集、宿中繁栄之所」（天正二年四月十日武田氏朱印状・図29）であった。弘治《こうじ》二年（一五五六）には住人四〇人が一三組に分かれて盗賊や火災予防のための夜廻り番役を命ぜられているが、番役免除の家もあったから、実戸数は四〇より多かったに違いない。住人は見世棚《みせだな》を構え、魚・綿・麻布など扱う品目ごとに一六座を構成して市日に商いを行い、座を通じて年貢を納入した。また、天正四年（一五七六）には三〇人の伝《てん》馬衆《ましゅう》がおり、一日四疋《ひき》、月八〇疋（月末一〇日は免除）を限度に馬の供出が義務づけられていた。一里一銭の口銭《くちせん》徴収が認められ、諏訪方面へは甲府→台原《だいがはら》（武川村）→蔦木《つたき》（長野県富士見町）→青柳（同茅野市）→上原（同諏訪市）、河内路《かわうち》では甲府→市川（市川大門町）→岩間（六郷町）→下山（身延町）→南部（南部町）→万沢（同前）と宿継ぎしたことは少なくとも記録に残されてい

図28　八日市場を支配した坂田氏の墓（甲府市・瑞泉寺所在）

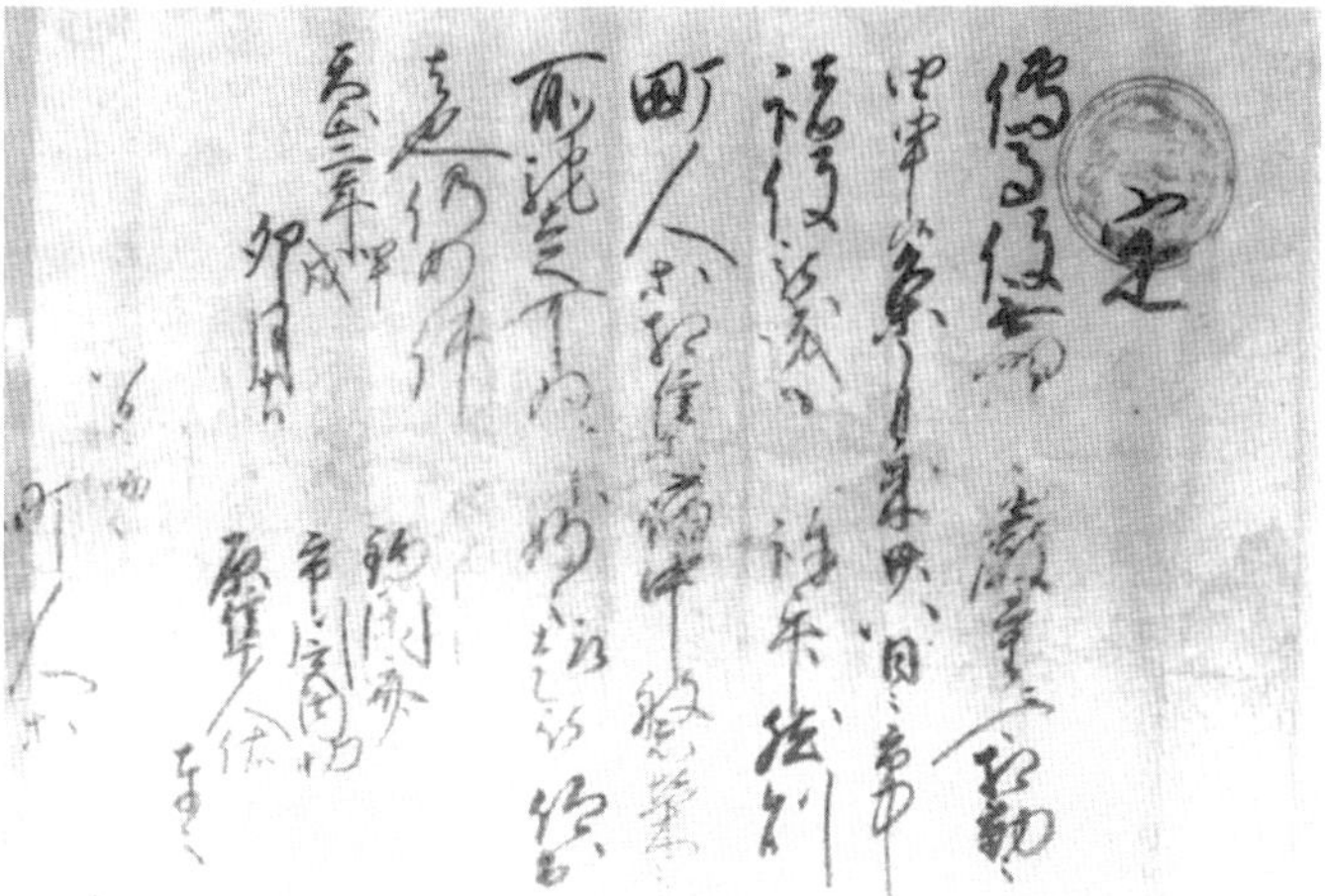

図29　天正２年卯月10日武田氏朱印状（伝馬役勤仕を命じたもの。甲府市・坂田邦夫所蔵）

る。他の街道についても同様な措置が採られていたはずで、八日市場が交通の要衝としても重要な役割を果たしていたことを知ることができる。

府中五山

こうした城下の整備の一環として信玄の時代にも多くの社寺が城下およびその周辺に創建・整備された。その代表的なものが府中五山と呼ばれる長禅寺・能成《のうじょう》寺・円光院・東光寺・法泉寺の五つの臨済宗《りんざいしゅう》寺院で、京・鎌倉の五山制度《ござんせいど》にならって信玄が定めたといわれる。

〔長禅寺〕　この寺は愛宕山南麓にある。開山の岐秀元伯《ぎしゅうげんぱく》は信玄の母大井夫人が招請《しょうせい》した僧だが、信玄は彼を学問の師とし、幼年時代には当時住職を務めていた古長禅寺（南アルプス市鮎沢）まで通ったとされる。国主となった後、天文二十一年（一五五二）に亡くなった母のため一寺を創建して長禅寺と命名し、鮎沢の寺を古長禅寺と改めるとともに岐秀を甲府に迎えて住職とした。当寺の山号を瑞雲山《ずいうんさん》というのは、彼女の法名瑞運（雲）院殿心月珠泉大姉にちなんだものである（なお、法名は後に長禅寺殿と改められた）。当寺の創建を永禄《えいろく》年間（一五五八～七〇）とする記録もあるが、三回忌の法要が岐秀を導師として甲府で行われていることからすれば、彼女の死去直後の天文末年には建立《こんりゅう》されていたとする『甲斐国志』説が正しいであろう。永禄二年（一五五九）の信玄出家の際に導師を務め、法号を与えたのも岐秀であったというが、その後尾張の瑞泉寺に移り、二世を春国光新《しゅんこくこうしん》が継いだ。春国は岐秀の弟子として大井夫人の三回忌にも加わっているが、永禄十一年の十七回忌の時には、信玄の命により法事を取り仕切っているほか、雪田《せつでん》和尚画像（甲府市・恵運院《えうんいん》所蔵）・武田信虎画像（同・大泉寺所蔵）に着賛し、河内《かわうち》領主穴山信友の妻（信玄姉）を開基とする南松院（身延町）に、開山桃隠《とういん》和尚画像の賛・穴山一族と見られる女性に与えた春渓《しゅんけい》法号記を残す。三世高山玄寿《こうざんげんじゅ》も元亀《げんき》元年（一五七〇）の信玄妻三条夫人の葬儀、天正四年（一五七六）の信玄の葬儀に導師を務め、同十年の武田氏滅亡の際には快川紹喜《かいせんじょうき》らとともに恵林寺《えりんじ》（塩山市）三門上で焼死するなど、当寺歴代は武田氏との関わりが深い。伽藍は昭和二十年（一九四五）の空襲により失われたが、本堂・庫裏《くり》のほか、近年南大門・五重塔・鐘楼などが再建されて寺観が整えられている。なお、当寺に伝えられる大井夫人の画像は、一周忌に際して子逍遙軒《しょうようけん》が描いたもので、大泉寺安之玄穏の賛と夫人自詠という「春は花秋は紅葉の色々も　日かすつもりてちらはそのまゝ」の和歌も記される（重要文化財）。また、信綱とは別人とされる逍遙軒信繁の署名がある渡《と》唐天神像《とうてんじんぞう》は県文化財。境内には大井夫

図30　大井夫人の墓

人の墓（図30）のほか、代表的な甲州財閥として知られる若尾逸平《いっぺい》とその一族の墓もある。

〔能成寺〕　長禅寺から山裾を東に回り込むと能成寺《のうじようじ》に至る。この寺は能成寺殿勇山健公大居士《だいこじ》の法名を持つ武田信守《のぶもり》（信玄の四代前）の菩提寺《ぼだいじ》と考えられ、当初は業海本浄《ごっかいほんじょう》によって北八代村（八代町北）に創建されたという。信玄のときに甲府に移されて五山の一つとなった。『甲斐国志』が信守館跡とする清道院《せいどういん》境内は、今も土塁や堀の遺構を残して館としての雰囲気を伝えるが、信成《のぶしげ》（信守の四代前）の館とするのが現在は有力である。したがって、旧地の所在は不明で、甲府での当初の所在地も西青沼（甲府市宝二丁目付近）とか館近くとか諸説あり、はっきりしない。現在地に移ったのは、甲府城建設にともなう城下移転時である。空襲により伽藍を失ったが、復興した。

〔東光寺〕　当寺は能成寺から約七〇〇メートルほど北に位置する。創建は不詳だが、保安《ほうあん》二年（一一二一）甲斐源氏の始祖とされる新羅《しんら》三郎義光が中興して興国院と称したとの所伝を持つ。鎌倉時代の文永年間（一二六四～七五）、中国から渡来して鎌倉建長寺の開山となった蘭渓道隆《らんけいどうりゅう》が讒言《ざんげん》により甲斐に流されるが、その際に薬師如来を招来して当寺を整備し、寺号を東光寺《とうこうじ》に改めたという。重要文化財の仏殿（図31）に収まる薬師像は鎌倉時代の作で、同じ仏殿内に配される薬師十二神将のうちの子神《ねのかみ》（毘羯羅《びがら》大将）には弘長《こうちょう》二年（一二六二）の墨書銘《ぼくしょめい》が見られるなど（ともに県文化財）、蘭渓の入寺と製作時期をほぼ同じくする仏像を安置するとともに、本堂裏の庭園

（県名勝）は蘭渓作といい、彼の書簡（県文化財）を所蔵するなど、開山との関係を伝える文化財が多い。鎌倉末期には、五山《ござん》・十刹《じっさつ》に次ぐ禅宗寺院の寺格である諸山に列したが、その後の歴史はほとんどわからない。

当寺の歴史がふたたび知られるようになるのは、天文十年（一五四一）六月信玄が国主の座に就いてからである。当時諏訪を制していたのは信虎と結んだ諏訪上社大祝《おおほうり》諏訪頼満《よりみつ》の孫頼重《よりしげ》で、彼は信虎の娘禰々《ねね》を九年十一月晦日《みそか》妻に迎え、武田氏とは親族関係にあったが、父信虎を駿河に追放した信玄は、当面佐久制圧をめざした父とは異なり、まず諏訪地方に目を向けた。諏訪氏一族の高遠頼継《よりつぐ》、上社禰宜《ねぎ》矢島満清《みつきよ》、下社大祝金刺《かなさし》氏など諏訪氏に不満を持つ者に内応を求めるなど事前工作を十分に行なったうえで、十一年六月二十四日突如諏訪郡に侵入した。義兄弟の縁を信じて油断していた頼重は、準備をととのえる間もなくたちまち追い詰められ、七月四日立て籠っていた桑原城（長野県諏訪市）を攻められ、あえなく降伏した。信玄はただちに甲府に護送し、頼重を幽閉したのが当寺である。九日に甲府にもどった信玄は、二十一日妹婿である頼重をここで自害せしめた。後に頼重の娘は信玄の側室となり、勝頼を生んでいる。

その頼重の墓（図32）と並んで残るのが、信玄の嫡男《ちゃくなん》義信《よしのぶ》の墓である（図33）。義信は天文七年三条夫人を母として生まれた。幼名を太郎といい、天文十九年十二月七日に元服、このとき何と名乗ったかはわからないが、二十二年七月二十三日将軍義輝《よしてる》の偏諱《へんき》を受けて義信と改めている。

図31　東 光 寺 仏 殿

図33　武田義信の墓

図32　諏 訪 頼 重 の 墓

彼はその前年十一月二十七日今川義元の娘を妻に迎えた。彼女は十九年六月二日に亡くなった信玄の姉定恵院殿《じょうけいいんでん》が母であるから、二人は従姉弟同士だったことになる。定恵院殿の死によって薄れた武田・今川の血縁関係を強化しなおすことになったこの結婚が、二十三年七月の今川氏真《うじざね》と北条氏康《うじやす》の娘、同十二月の北条氏政《うじまさ》と武田信玄の娘の結婚と並んで、甲駿相三国の同盟関係成立の一環でもあったことは前述した。二十三年八月には父に従って信濃伊那郡に出陣した初陣《ういじん》で「思フ程切《きり》勝《が》チ被《なられ》レ成候《そうろう》」と大活躍、弘治《こうじ》二年（一五五六）には幕府から三管領《さんかんれい》に準ずる扱いを受けることを認められるなど信玄後継者としての地位を歩んでいた義信は、永禄八年（一五六五）突然当寺に幽閉された。その理由について、『甲陽軍鑑《こうようぐんかん》』は義信が自分の傅《ふ》（養育係）だった重臣飯富虎昌《おぶとらまさ》と謀って信玄を殺す計画を企てたためとする。他に史料がなく、『軍鑑』の説明をそのまま信ずることは必ずしもできないが、十月二十三日付け小幡源五郎宛て書状では、「飯富兵部少輔所行を以《もっ》て、信玄・義信の間を相妨《あいさまた》ぐべき急謀露顕《ろけん》し候《そうろう》の条、即ち生害《しょうがい》を加え候、父子の間の事を以《もっ》て元来別条無く候」（『尊経閣文庫所蔵文書』）と信玄みずから述べているから、信玄と義信との関係に関わって虎昌が何らかの事件を起こしたことは確かである。この手紙では、義信は事件に関係ないことを認めているようにも読めるが、結果的に義信が幽閉されたのはこのときである。実際に義信が事件に関与したのかどうかはわからないが、その背景には、対駿河政策をめぐって父子の対立があった。永禄三年（一五六〇）五月、永年盟友関係にあった駿河守護今川義元《よしもと》が桶狭間《おけはざま》の戦いで織田信長に敗れて戦死すると、信玄が駿河を侵攻の対象として考えるようになったのに対し、義元の娘を妻としていた義信は義兄に当たる氏真《うじざね》との衝突に消極的であったためというのが定説である。幽閉された義信は十年十月十九日に死を迎えるが、死因は自害とも病死ともいう。法名は東光寺殿籌山《ちゅうざん》良公大禅門。その死の二ヵ月前の八月、甲斐・信濃・上野の家臣二三七名から提出させた信玄への忠誠を誓う、長野県塩田町の生島足島《いくしまたるしま》神社に納められたいわゆる「下之郷《しものごう》起請文《きしょうもん》」は、嫡子失脚にともなう動揺を抑えるためになされたものといわれており、信玄が義信事件を非常に深刻に受け止めていたことがわかる。

信玄の最も身近な対立者二人が当寺に幽閉されたのは、武田氏と東光寺との関係の深さを窺わせる。天文二十三年（一五五四）の大井夫人三回忌に「阿弥陀開眼法語」を著した仁甫《にんぽ》珠善《しゅぜん》、永禄十年に武田義信の葬儀の導師を務めた説三《せっさん》恵璨《えさん》、元亀《げんき》元年（一五七〇）の三条夫人の葬儀に列席した藍田《らんでん》恵青《えじょう》らはいずれも当寺住職であり、藍田が武田勝頼の自害直後に織田氏の攻撃により快川らとともに恵林寺《えりんじ》三門楼上で焼死したこともそのことを証しているといえよう。戦国時代の建立と推定される方三間《ほうさんま》裳階《もこし》附の現仏殿も、武田氏の外護によって再建されたとみてよい。

〔円光院〕　城下の北東端部、夢見山西麓に位置する信玄の正室三条夫人の菩提寺《ぼだいじ》である（図34）。夫人は左大臣にまでなった京の公卿三条公頼《きんより》の娘で、天文五年七月元服直後の信玄のもとに嫁し、義信・竜芳《りゅうほう》・北条氏政夫人（黄梅院殿）・穴山信君《のぶきみ》夫人（見性院殿）らの生母となった女性である。当寺は永禄初年に信玄によって現在地に移されたもので、もともとは源清光《きよみつ》によって小石和《こいさわ》（石和町）に清光院《せいこういん》の名で創建されたのにはじまり、室町時代に武田信守が再興して成就《じょうじゅ》院《いん》と改めて父信重《のぶしげ》の菩提所にしたと寺伝では伝える。移転にあたり、信玄は京の妙心寺から説三《せっさん》恵璨《えさん》を開山に迎えたというが、弘治《こうじ》二年（一五五六）の成就院遠叔《おんしゅく》宛て希庵玄密《きあんげんみつ》書状（『明叔録』）では、遠叔の所在を「甲之府内」といっているから、このときにはすでに成就院は甲府にあった可能性が高い（磯貝正義『武田信玄』）。したがって、移転の時期は寺伝よりも早く、説三は遠叔の後を受けて入寺したものと思われる。説三は永禄十年には東光寺住職として武田義信の葬儀を執《と》り行うが、その後ふたたび成就院にもどり、元亀元年（一五七〇）七月二十七日に逝去した三条夫人の葬儀を主宰して、夫人には円光院殿梅岑宗䕸《ばいぎんそうい》大禅定尼の法名を与えた。このとき、現寺名に改めたという。さらに、天正《てんしょう》四年（一五七六）の信玄の葬儀、七年の七回忌の際にも導師を務めるなど、信玄・勝頼の二代にわたって説三は国主の信頼を得ていたことがわかる。信玄は当寺を夫人の菩提寺とすると同時に、その菩提供養のための茶湯《ちゃとう》料として林部《はやしべ》（一宮町）および石和屋敷分一八貫文の地を円光院に寄進している。

　夫人の墓は今も境内に残り、県史跡（図35）。夫人の墓所の前には、近世初頭の代官として知られる平岡和由《かずよし》・良辰《よしたつ》など平岡一族の墓地がある。また、当寺に伝わる武田系図は円光院本として知られ、刀八毘沙門《とうはちびしゃもん》および勝軍地蔵は躑躅《つつじ》ヶ崎《がさき》館《やかた》内の毘沙門堂に安置されていたもので軍陣

図34　円　光　院

図35　三条夫人の墓

の守り本尊であったが、信玄死後馬場美濃守信春《ばばみののかみのぶはる》によって奉納されたものといわれる。これ以外に、御西《おにし》（武田信虎側室）の菩提所として三〇俵の地を寄進することを約した西昌院宛て天正三年正月二十三日武田氏朱印状を蔵するのは、円光院の末寺であった同院が廃寺になったためである。

〔法泉寺〕　当寺は緑ヶ丘運動場の北側にあり、元徳・元弘年間（一三二九〜三四）、信玄より九代前の祖信武が月舟周勲《げつしゆうしゆうくん》に帰依《きえ》して創建し、夢窓疎石《むそうそせき》を勧請《かんじよう》開山に迎えたのにはじまると伝える。信武の位牌所《いはいじよ》として武田氏の外護も厚く、信玄が寄進した三二貫余の寺領を天正四年に勝頼が安堵《あんど》した判物《はんもつ》を今も蔵する。天文《てんぶん》十五年（一五四六）に積翠寺《せきすいじ》での和漢連句に当寺住職湖月《こげつ》が加わっているのは、武田氏と当寺の関係の一端を物語るが、その後を受けて永禄年間ごろ信玄に迎えられて住職となった快岳周悦《かいがくしゆうえつ》については、つぎのような話が残される。天正十年（一五八二）、天目山《てんもくさん》で自害した勝頼父子の首級が送られて一条大路の辻で梟首《きようしゆ》された。かつて甲斐に住んだこともあり、武田氏との関係も深かった妙心寺五八世南化玄興《なんかげんこう》は、その遺骸を引き取って手厚く葬儀を営んだが、たまたま妙心寺にきていた快学の弟子が勝頼の歯髪を持ち帰って当寺に葬った。新たに国主となった徳川家康は、信玄・勝頼と親交のあった快学に武田旧臣の説得を依頼した。快学が武川《むかわ》衆十二騎の帰属などに貢献したため、喜んだ家康は当寺を勝頼の菩提寺として旧領を安堵し、快学を中興開山としたという。この寺伝を証するように、境内には信武の墓と

図36　武田勝頼の墓

図37　法泉寺鐘楼門（寛永14年造立）

並んで勝頼の墓（図36、ともに市史跡）が建てられ、勝頼画像も伝存するなど勝頼との関係は深い。

寛永《かんえい》十四年（一六三七）造立《ぞうりゅう》の鐘楼門《しゅろうもん》（市文化財・図37）を入ると、本堂・庫裏《くり》・経蔵（内部の輪蔵・一切経とともに市文化財）など江戸期の建物が建ち並ぶとともに、鎌倉末期の釈迦如来・夢窓国師像、朝穂堰《ちょうほぜき》の開削なども手掛けた二世大器宗広《たいきそうこう》の慶安《けいあん》二年（一六四九）作銘のある井戸枠（いずれも市文化財）が残るなど禅宗寺院としての雰囲気をよく伝えている。なお、入口の鐘楼門脇には開山手植えと伝えるクロマツがあったが、近年枯死した。

北の守り御岳衆

このように城下町甲府には各種施設が設けられ、武田領国支配の中心として大いに発展したが、その北部山岳地帯の守衛に当たったのが御岳衆《みたけしゅう》と呼ばれた武士団である。武田氏もほかの戦国大名と同様に有力家臣を侍大将とし、そのもとに在郷武士を同心・被官として配する、いわゆる寄親《よりおや》・寄子《よりこ》制によって軍事力を編成したが、辺境地域に在住する族的結合の強い中小武士団は、そのまま「衆《しゅう》」として掌握した。武川衆《むかわしゅう》・津金衆《つがねしゅう》・九一色衆《くいしきしゅう》などと地域名を冠して呼ばれる武士団がそれだが、御岳衆もその一つである。御岳とは本来甲信国境にある標高二五九五㍍の金峰山《きんぷさん》のことであるが、同山は古来山岳信仰の聖地として知られ、ご神体蔵王権現《ざおうごんげん》を祀る里宮が山麓各地に造られた。なかでも甲府市御岳町にある金桜《かなざくら》神社は、鎮座地が御岳と呼ばれることからもわかるようにその中核的神社として栄えた（図39）。

図38　金桜神社門前の現在の御岳衆集落

図39　金桜神社拝殿

御岳衆は同社の社家として門前に集落を形成し、地域の警衛に当たったのである（図38）。御岳（金峰山）信仰が武田領国に広く浸透していたことは、甲斐・信濃・上野の民衆が誓約や裁判の決着を図るために当社の鐘を撞《つ》くことが近世になっても行われていたことからもわかる。

金桜神社は、昭和三十年（一九五五）の火災で重要文化財の中宮本殿・東宮本殿などを失ったが、今でも境内の森厳《しんげん》さは保たれ、勝頼奉納と伝える能面八面のほか、大井夫人奉納という住吉蒔絵《まきえ》手箱、勝頼奉納の筏《いかだ》散蒔絵《ちらしまきえ》鼓胴《こどう》、信玄五男仁科盛信《にしなもりのぶ》奉納の武具散蒔絵鼓胴（いずれも県文化財）など武田氏ゆかりの工芸品を所蔵する。近くに特別名勝御岳昇仙峡《しょうせんきょう》や荒川ダムがあることもあり、夏・秋のシーズンには多くの観光客を集めている。

武田氏滅亡と城下町の移転

信玄の死

元亀《げんき》三年（一五七二）十月三日、大軍を率いて甲府を出発した信玄は、山県昌景《やまがたまさかげ》率いる軍勢を東三河に、秋山信友率いる一隊を東美濃に向かわせるとともに、みずからは伊那路を下って青崩峠《あおくずれ》（長野県南信濃村）から遠江《とおとうみ》へ侵入した。一般的に、この軍事行動は信玄が上洛をめざした西上作戦といわれる。たしかに近江の浅井長政、越前の朝倉義景、大坂の本願寺などの反織田信長勢力と連絡をとったうえでのことであり、畿内の情勢と密接に連動していることは認められるが、信玄自身が上洛まで意識していたことを証する史料は残されていない。実際、遠江・三河を席巻した信玄は、十二月二十二日三方ケ原《みかたがはら》（静岡県浜松市）で徳川家康と織田氏の援軍に大勝した後も、野田城（愛知県新城市）を囲んで動かず、西上の動きを示していないのである。もっとも、動かなかったのではなく、病のため動けなかったのだという説が有力だが。野田城陥落後も病は回復せず、帰国を余儀なくされたが、途中駒場《こまんば》（長野県阿智村）で死去した。時に天正《てんしょう》元年（一五七三）四月十二日、五十三歳であった。法名恵林寺殿機山玄《えりんじでんきざんげん》公大居士《こうだいこじ》。本国甲斐をはじめとして、信濃・西上野《こうずけ》・駿河から遠江・三河・美濃・越中の一部におよぶ領国を築き上げた信玄は、死に臨んで三年間自分の喪を秘し、その間に体制をととのえて隣国の攻勢に対処するよう遺言したという。

さて、甲府に持ち帰られた信玄の遺骸は遺言通り三年間密《ひそ》かに保管され、天正四年四月十二日恵林寺で葬儀が営まれることになるが、円光院参道近くの元県立青年の家の前には信玄の火葬場と呼ばれるところがある（図40）。『甲斐国志』によれば、ここは土屋右衛門《うえもんのじょう》尉の屋敷跡で、遺骸はその屋敷内で火葬されて正式な葬儀を迎えるまで安置されていたという。現在の石碑は安永《あんえい》八年（一七七九）四月に造立されたもので、施主と造立した高遠石工《いしく》の名とともに、そのとき土中を掘ったところ灰と骨が出土したので、それまで建っていた古碑とともに埋めもどしたとの経緯を記す（図41）。古碑は慶長《けいちょう》・元和《げんな》（一五九六～一六二四）ごろに『甲陽軍鑑』の作者小幡景憲《おばたかげのり》が建てたものといい、その拓本《たくほん》なるものも流布するが、真偽のほどは定かではない。

川尻塚　信玄の跡を継いだ勝頼が、天正三年五月二十一日の長篠《ながしの》の戦いで織田・徳川連合軍の鉄砲隊に惨敗し、滅亡への道をたどったことは周知のとおりである。天正十年三月十一日勝頼主従が田野で自害した後、新国主となった織田信長は、二十九日河内を除く甲

図40　(伝)武田信玄の火葬場跡

図41　武田信玄の墓
(安永8年4月造立)

斐と諏訪郡を川尻秀隆《かわじりひでたか》に与えた。秀隆は信長の嫡男信忠の補佐役を務めており、武田氏攻略の際にも主要な役割を果たしたため、その地位を得たのであるが、主君信長が六月二日明智光秀によって本能寺に討たれると、甲州でも一揆が起こり、秀隆は襲われて命を絶った。一説には混乱を見越した徳川家康の策謀だったともいうが、苛政《かせい》により恨みを買っていた遺骸は逆さに埋められたといわれ、「逆さ塚」とも呼ばれている。かつての墓標は早く失われ、現在の碑は大正五年（一九一六）に個人によって建てられた慰霊碑である（図42）。しかし、青年の家西側の民家脇に目立たないようにひっそりと建つ同碑は、非業《ひごう》の最期を遂げた武将の末路をいみじくも物語るようで、今は訪れる人も数少ない。

図42　逆　さ　塚（河尻秀隆慰霊碑）

甲府築城

信長没後、甲斐および周辺の織田領国の支配をめぐって徳川・北条両氏が争ったいわゆる壬午《じんご》の乱の結果、甲斐は家康の支配下に置かれることになったが、天正十八年（一五九〇）の小田原征伐の結果、家康は関東へ移封され、羽柴秀勝が国主となった。

武田氏滅亡後の甲斐の国主は、破却された躑躅ヶ崎館《つつじがさきやかた》を改修して居所としていた。東・中曲輪《くるわ》の北西隅に残る石塁の天守台《てんしゅだい》、南部西側に張り出す梅翁曲輪《ばいおうくるわ》などは、前述のとおりこの時期の増設と考えられる。しかし、防衛に重点をおいて周囲に山地を抱える立地は地形的に都市としての発展に限界があるため、早くから城の移転が計画されたようである。壬午の乱で甲斐を入手した徳川家康が、天正十一年には一条小山《いちじょうこやま》に新城を造ることを計画したといわれるが、実際の工事に着手したのは秀勝のときからであった。その後、加藤光泰、浅野長政《ながまさ》・幸長《よしなが》父子と変わるなかで新城の建設が進められ、浅野父子が紀州和歌山に転出する慶長《けいちょう》五年（一六〇〇）にはほぼ完成したと考えられる。

甲府駅の南に位置する城跡は県史跡に指定されており、平成二年（一九九〇）から整備工事が進められている。すでに石垣・堀の修理、塀や一部門の復元工事を終えており、現在稲荷櫓《いなりやぐら》の再建工事が行われている（図45）。同城には天守台が今も残るが、天守閣が築造された痕跡はみつかっていない（図43）。しかし、本丸櫓・稲荷櫓・数寄屋櫓・清水櫓・太鼓櫓の五棟は明治九年（一八七六）に払い下げられるまで残存していた。そのうちの一棟が今回復元され、往時の景観を偲ぶことができることになるわけで、完成予定は平成十六年である。

下府中の社寺

甲府城の新築にともない、新城下町の建設も進められ、旧城下の社寺の多くは新城下へ移転している。おおざっぱにいって、かつての中世城下町部分に相当

図43　甲府城天守台跡

図44　甲府城二の丸を経て
本丸に至る松陰門

図45　再建工事中の甲府城稲荷櫓

する現在の甲府駅以北は上府中《かみふちゅう》と呼ばれ、以南の下府中《しもふちゅう》とともに江戸時代の城下町を形成した。したがって、下府中に所在する社寺はそのとき移転したもので、また、昭和二十年（一九四五）の空襲にも遭っていることから、武田氏時代の景観をそのまま伝えているわけではないが、歴史的には武田氏と因果関係の深い寺院も少なくない。

〔一蓮寺〕　当寺は、かつて一条小山と呼ばれた現在の甲府城跡の地に建立された時宗《じしゅう》寺院である（図46）。一条小山には甲斐源氏棟梁《とうりょう》と目された一条忠頼《ただより》が館《やかた》を構えていたが、彼は元暦《げんりゃく》元年（一一八四）六月その勢威を恐れた源頼朝によって鎌倉で謀殺されたため、夫人が菩提供養のため館を尼寺に改めたのが寺院としてのはじまりで、鎌倉末期の甲斐守護と伝える末孫一条時信が、遊行《ゆぎょう》の途中甲斐に立ち寄った時宗二世真教上人《しんきょうしょうにん》に帰依《きえ》し、弟朔日《さくじつ》を開山として尼寺の地に新たに創建したのが一蓮寺《いちれんじ》である。正和《しょうわ》元年（一三一二）のことといい、以来、武田氏の「先祖代々氏寺」（文安三年三月日武田信重奉書）として発展を遂げ、寺の南大門・東大門・横大門などの門前には町場が形成された。『一蓮寺過去帳』には東町・西町屋・横町屋などの町名とともに、居住者とみられる紙衣屋《かみころもや》・物裁所《ものたちじょ》・軸屋《じくや》・箸屋《はしや》・紺屋《こうや》・塩買・画師・金剛大夫《こんごうだゆう》・十二大夫《じゅうにだゆう》・座《ざ》頭《とう》など多様な職種の人たちが記載されており、門前町としても繁栄した様子が窺える。真教が立ち寄ったのも、時宗がこうした都市民を布教の重点としていたことによるともいわれ、信濃から相模へと向かう鎌倉街道沿いには、長泉寺（須玉町若神子）、当寺、九品《くほん》寺（御坂町成田、現在浄

図46　一 蓮 寺 西 門

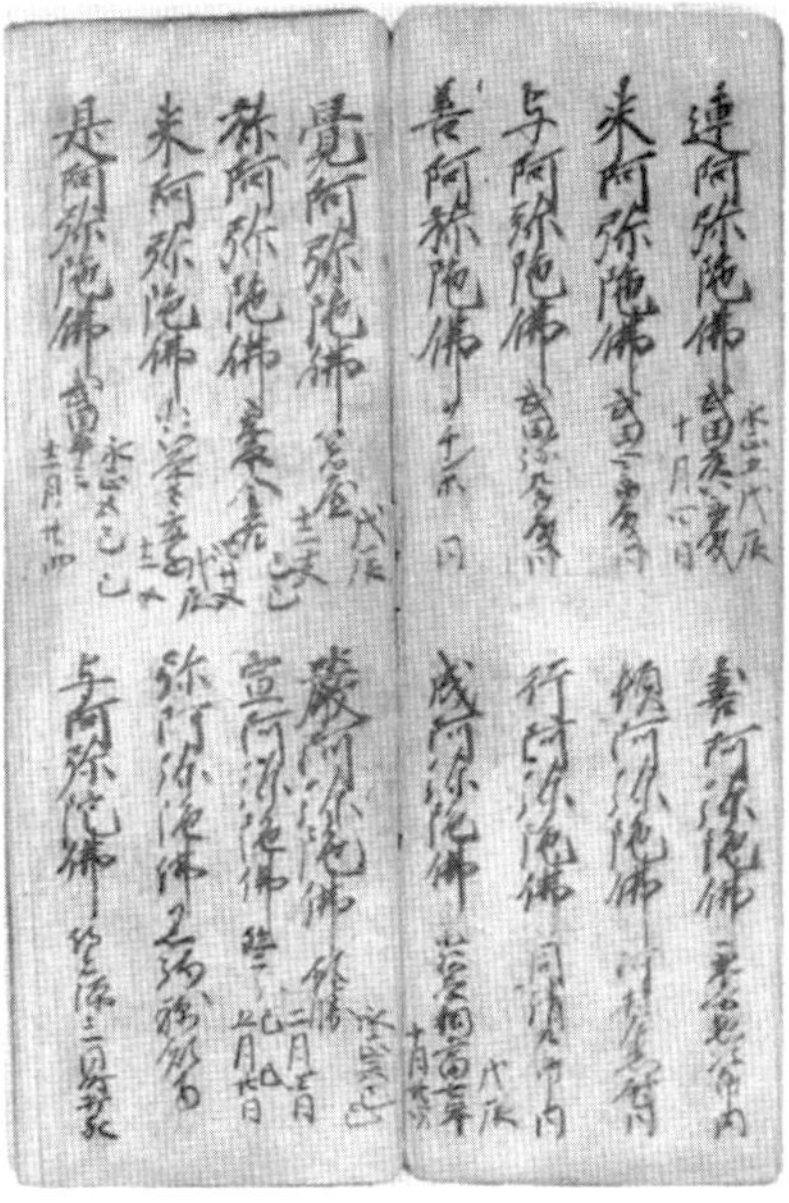

図47　『一蓮寺過去帳』永正５年条
（甲府市・一蓮寺所蔵）

土宗）、称願寺（同町上黒駒）、西念寺《さいねんじ》（富士吉田市上吉田）と真教開創と伝える時宗寺院が建ち並ぶ。その後、この道筋は遊行上人《ゆぎょうしょうにん》の廻国ルートとして定着していき、江戸時代にも遊行上人の通行路として利用されている。

信虎《のぶとら》によって甲府に城下町が建設されると、門前町は城下南端部に位置することになるが、その東西には城下の経済を賄《まかな》う八日市場・三日市場が設けられ、これら市場と連動して城下入口の交通の要衝としての役割はますます重要になっていった。そのためか、国主武田氏は一蓮寺を来甲した賓客接待の場として利用している。たとえば、大永《だいえい》元年（一五二一）には逗留していた遊行二四世不外のために大井宗芸《そうげい》（信玄生母大井夫人の父信達の出家名）が当寺で和歌の会を催し、天文《てんぶん》六年（一五三七）には駿河から今川為和《ためかず》を迎えての会の開催などが記録されるほか、『甲陽軍鑑』も永禄九年（一五六六）のこととして在甲していた菊亭大納言が信玄主催の当寺歌会に飛び入り参加して歓迎された記事を載せ、和歌や連歌の会の会場として著名だった旨を紹介する。

現在地への移転は武田氏滅亡後の天正《てんしょう》十九年（一五九一）といわれるが、寺とともに門前町も移された。東町・西町・南門前・湯田門前などの名前が残ることから、中世の町の形態がそのまま新門前町に継承されたとみられる。中道往還に沿う交通の要地に位置する点も同様である。明治七年（一八七四）には境内の一部が割かれて県内最初の県立公園（遊亀公園）となり、十年には最初の県会が本堂で開かれた。伽藍《がらん》は戦災に遭い旧観を失ったが、寺宝の一部は疎開して焼失を免れ、現存する。このうち、『一蓮寺過去帳』（三冊、県文化財）は永享（一四二九〜四一）ごろから宝永《ほうえい》二年（一七〇五）まで代々の住持によって書き継がれたもので、甲斐中世史の貴重な史料になっている（図47）。渡唐天神像《ととうてんじんぞう》（県文化財）は、応永《おうえい》二十九年（一四二二）に武田信重が兆殿司《ちょうでんす》の絵に著名な五山僧の賛を得て武田家に伝来されたものを信玄が模写して当寺に納めたものとされ、武田氏と当寺の関係を伝える。また、柿本人麿像、束帯天神像《そくたいてんじんぞう》（市文化財）はいずれも十四世紀の作で、和歌や連歌の会席を飾ったものと考えられ、前述の当寺の性格を端的に示している。これ以外にも、阿弥陀三尊来迎図《あみださんぞんらいごうず》二幅、武田氏出自の竜湫周沢《りゅうしゅうしゅうたく》筆不動明王図、釈迦如来十八羅漢像（以上、市文化財）、狩野常信筆柳沢吉保像（県文化財）などの絵画の秀作を蔵するほか、明治に廃寺になった末寺般舟院《はんしゅういん》跡から出土した五輪塔・宝篋印塔《ほうきょういんとう》などの中世の墓石（市文化財）も境内に移されている。

〔光沢寺〕　一蓮寺の北西にあるのが浄土真宗《じょうどしんしゅう》（一向宗《いっこうしゅう》）の光沢寺《こうたくじ》である。移転前にも、一蓮寺北西に接した今の甲府城跡の西にあった。鎌倉にあった長延寺《ちょうえんじ》の住持実了師慶《じつりょうしけい》が、天文《てんぶん》年間（一五三二〜五五）に甲斐に来て信玄に仕え、寺地を与えられて甲府に長延寺を創建したとされる。これが光沢寺の前身である。師慶は伽衆《とぎしゅう》として信玄に近侍《きんじ》するとともに、他国への使者としても活躍した。『甲陽軍鑑』によれば、大坂や伊勢の長島・越中など主として一向宗の盛んな地域への使者を担当したという。実際、信玄・勝頼の書状には「長延寺」「師慶」の名が少なからず登場し、活躍のほどがしのばれる。交通の要衝にあった一蓮寺の隣地を拝領したのは、他国への往来を業務とした師慶の役割も考慮してのことであろう。

現在地への移転は文禄《ぶんろく》年間（一五九二〜九六）というが、信玄の孫に当たる二世顕了《けんりょう》道快《どうかい》は、武田氏の遺臣で佐渡の金山《きんざん》奉行《ぶぎょう》を務めた大久保長安《ながやす》の不正事件に加担したとして、慶長《けいちょう》十八年（一六一三）八丈島に流罪となった。寺の存続は許されたが、このとき現寺号に改めたという。江戸期には門前町（長延寺町）も形成されて発展したが、戦災でかつての寺観を失った。

（信立寺）当寺は信虎《のぶとら》によって、大永《だいえい》二年（一五二二）身延一三世日伝《にちでん》を開山として古府中の穴山小路に創建されたといい、新立寺《しんりゅうじ》・真立寺とも書く（図48）。戦災で伽藍《がらん》を失ったのは、他の二寺と同様である。

『甲陽軍鑑』に見える話である。あるとき、当寺の塔頭《たっちゅう》である林生《りんしょう》坊・昌沈《しょうちん》坊が女房を迎えていることが問題となり、出家の身としてあるまじき行為として糾弾《きゅうだん》すべきと訴えられたが、信玄は妻子を持つ僧が広汎に所在することを理由に彼らを処分せず、妻子を持たない清僧《せいそう》と区別するため前者に妻帯役《さいたいやく》を課すことによって調整を図ったという。武田氏の基本法典である天文《てんぶん》十六年（一五四七）成立の「甲州《こうしゅう》法度《はっと》之《の》次第《しだい》」（二十六箇条本）は、一九条で出家が妻子を持つことを原則的に禁じている。したがって、前記事件は同条違反であることが明らかであるが、信玄はその規定にもとづく裁定をしなかったことになる。この『軍鑑』の記事の信憑《しんぴょう》性は定かではな

図48　信　　立　　寺

いが、二十六箇条本に増補を重ねた五十五箇条本ではこの条文は削除されている。五十五箇条本に二箇条を加えた五十七箇条本の成立が天文二十三年（一五五四）のこととされるから、信玄の裁定はその間になされたことになろう。武田氏が妻帯役を課したことは、「衆僧妻対（帯）役之事、令二免許一」（『万福寺文書』）、「為二清僧一上者、向後《きょうこう》除二棟別銭《むなべっせん》一、其外之諸役一切有二御免許一」（『妙法寺文書』）との文言を持つ文書が発せられていることからも確認されるから、妻帯僧原則禁止から妻帯役賦課へと方針変更がなされたことは確かであり、僧の存在形態の実態に合わせて対応した現実的政治家としての信玄の一面を証する事例としてよく知られている。

東郡の信玄

甲州街道に沿って

甲州街道とは

甲州街道（海道、道中）は五街道の一つであるが、五街道は慶長《けいちょう》六年（一六〇一）に成立したもので、中世まで遡《さかのぼ》らない。しかし、ほぼ同様のルートを通って甲斐から武蔵へ向かう道は中世にもあった。『甲斐国志』は、大善寺《だいぜんじ》付近の古道について、「慶長前ハ都留郡ノ通路ノミニテ孔道《こうどう》ニハ非ズ」と説明し、「日陰ノ四寸道」と呼んでいるが、天《てん》文《ぶん》二十三年（一五五四）には、北条氏政のもとへ嫁ぐ信玄の娘（黄梅院殿《おうばいいんでん》）を送り届けるため、上輿《こし》一二丁・長持四二丁を仕立てた騎馬三〇〇〇騎を含む総勢一万人の一行がこの道を通行し、上野原で出迎えの二〇〇〇人の北条勢と合流して小田原に向かったことは前述した。また、永禄《えいろく》十二年（一五六九）に小田原城を囲んだ信玄の軍勢はこのルートを凱旋《がいせん》するなど、中世においても主要ルートの役割を果たしている。まず、この道筋をたどってみよう。

善光寺

JR身延線善光寺《ぜんこうじ》駅の東にある信号を左折すれば参道で、正面に浄土宗《じょうどしゅう》の定額《じょうがく》山《さん》善光寺が見える。信玄と上杉謙信の有名な川中島の合戦は、天文二十二年（一五五三）から永禄七年（一五六四）におよぶ五度にわたる対戦の総称だが、その戦場となった川中島にあったのが信濃の善光寺である。戦禍の拡大するなかで双方とも自分の本拠に善光寺の移転を計画するが、信玄が本尊を移して甲斐に創建したのが当寺である。この移座を甲斐の貴賤・上下・男女らは慶《よろこ》び迎えたという（『塩山向嶽禅庵小年代記』）。永禄元年（一五五八）九月二十五日、善光寺如来が信濃善光寺大本願三七世鏡空《きょうくう》とともに甲府に到着すると、彼を開山としてただちに新寺の造建工事が開始され、翌年二月仮堂が完成して入仏式が行われた。その間仮安置されたのが古上条《ふるかみじょう》（甲府市後屋町）で、同地の寺が善光寺と命名されたのもその因縁によると伝える。本堂（金堂）の棟上《むねあ》げは七年三月二十二日で、一年後に竣工、三月二十七日入仏供養が営まれた。伽藍の整備はその後もつづけられ、武田氏も十一年には不足用材の伐採許可の朱印状を寺に与えている。すべてが完成したのは元亀《げんき》三年（一五七二）で、盛大に落慶供養《らっけいくよう》が行われているが、信玄は寺だけではなく門前町も移した。今はその面影はないが、現在の参道である大門通（本町・図51）、山門前の東西通りの横町を中心に形成された町の基本構成は信濃善光寺のそれと共通しており、宗教都市善光寺の機能の吸収・移転をもくろんだ様子が窺える（伊藤裕久「甲斐善光寺境内の建築と町」『甲斐路』八九）。

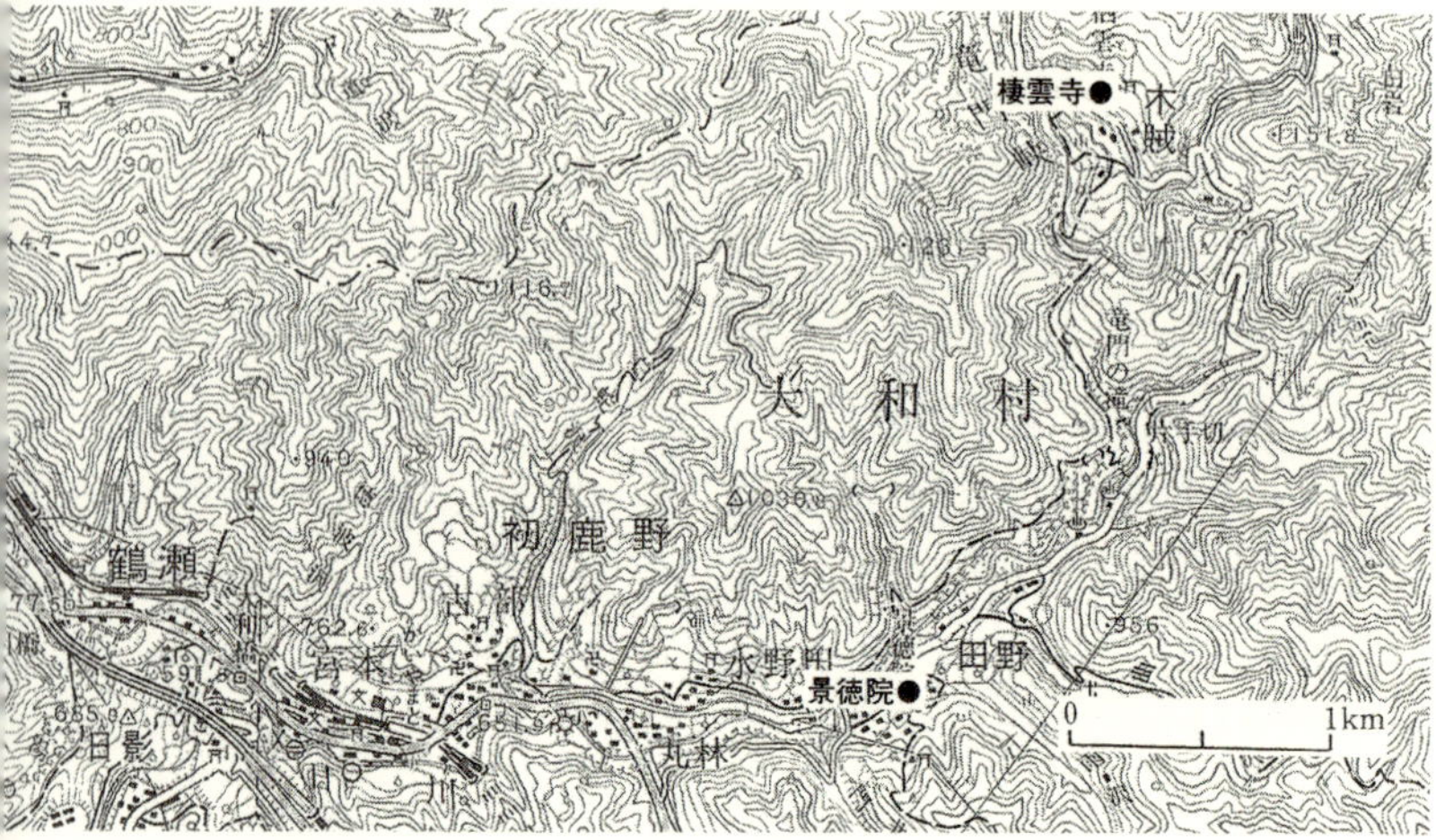

辺の史跡

図50　甲斐善光寺本堂（寛政８年完成）

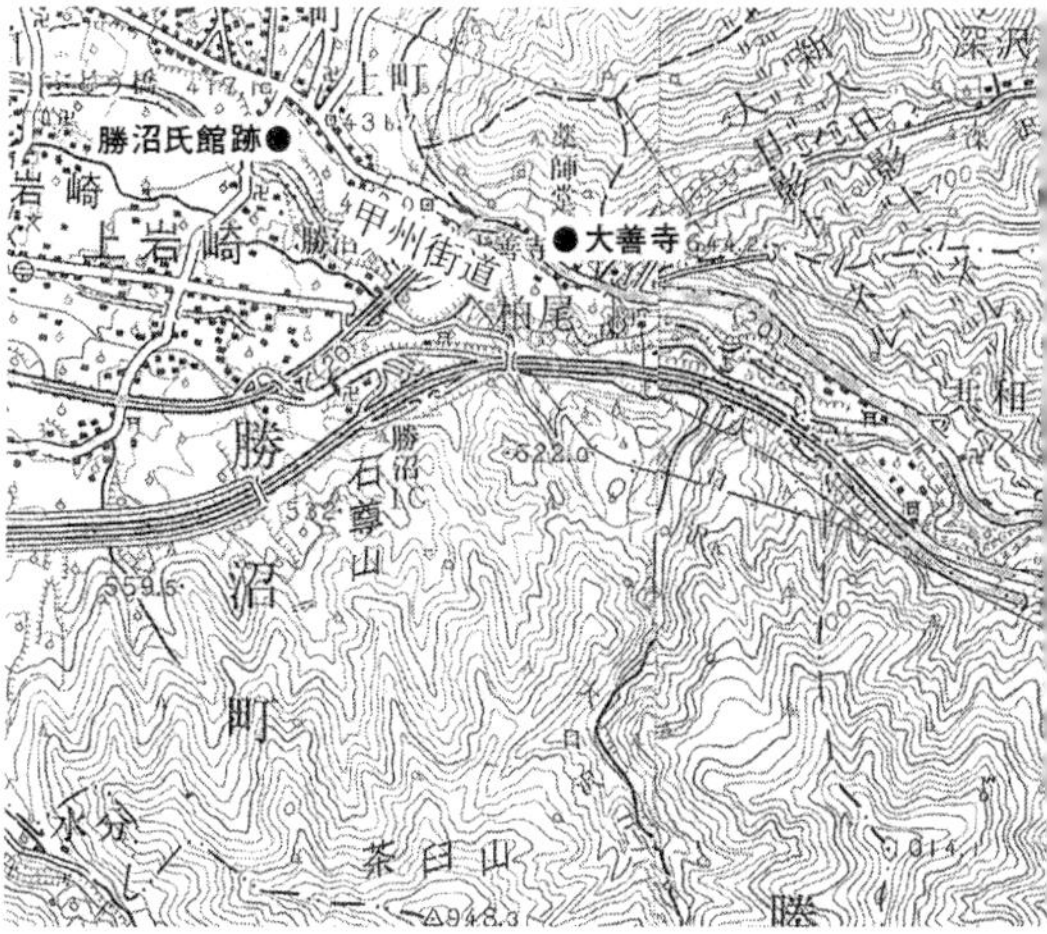

図49　甲　州　街　道

図52　横田尹松の墓

図51　山門前のかつての参道跡

天正《てんしょう》十年（一五八二）の武田氏滅亡後、本尊の阿弥陀如来は甲斐を離れる。まず、甲斐を制した織田信長によって岐阜に持ち帰られた。本能寺の変で信長が変死した後、尾張甚目寺《じもくじ》、遠江鴨江寺《おうこうじ》とめまぐるしく動き、十一年十月、いったん当寺にもどされたが、慶長《けいちょう》二年（一五九七）ふたたび豊臣秀吉の命により京都方広寺へ移され、信濃善光寺への帰国が果たされるのはその翌年で、四〇年の永い遍歴の旅を終えている。信玄・信長・秀吉と、時の権力者によってたびたび居所を遷《うつ》されるという数奇な運命をたどるのは、やはり善光寺の信仰上の影響力の大きさによるものであろう。本尊を失った当寺は、前立仏であった建久《けんきゅう》六年（一一九五）の刻銘をもつ銅造の阿弥陀如来および両脇侍《わきじ》像（重要文化財）を本尊とした。

宝暦《ほうれき》四年（一七五四）二月七日の火災により伽藍《がらん》の大半を失うが、信玄時代の本堂もこの時に焼失した。再建された現本堂は桁行《けたゆき》九間（約三八メートル）・梁間《はりま》五間（約二四メートル）の規模で、明和《めいわ》三年（一七六六）に着手して寛政《かんせい》八年（一七九六）に完成している（図50）。工事に三〇年も要したことから、遅々としてことが進まないことを「善光寺普請《ぶしん》」と呼ぶようになったという。信濃善光寺に比較して、桁行は一六メートルほど短いが、高さは約一八メートルあって約五メートル高い。日本有数の木造大建築である。山門のほうは明和五年に竣工しているが、前者は石川政五郎、後者は石川久右衛門を棟梁《とうりょう》としての工事であり、下山大工の代表的作品としても知られる（ともに重要文化財）。仏像では、本尊以外に浅野長政が甲斐の領主だったときに納めたといわれる阿弥陀三尊二組が重要文化財に指定されている。定朝《じょうちょう》様式の藤原仏で、もと北宮地村（韮崎市）の大仏堂と千塚村（甲府市）の光増寺にそれぞれ安置されていたものであるが、当初の勧請《かんじょう》にはそれぞれ甲斐源氏の武田信義、武田有義らが関わったと推定されており、ともに武田氏との因縁を持つ。また、源頼朝像（県文化財）、源実朝《さねとも》像・玄和《げんわ》居士像・本田善光像・同夫人像・法然上人像・蓮生《れんしょう》法師像（以上、市文化財）などの優れた肖像彫刻をはじめ、正和《しょうわ》二年（一三一三）銘の梵鐘《ぼんしょう》（県文化財）、浄《じょう》土曼荼羅《どまんだら》図（同前）、善光寺如来絵伝二幅・地蔵十王図（市文化財）など多くの文化財を所蔵し、その一部は境内の宝物館において拝観することができる。なお、境内東北隅には天正《てんしょう》十九年（一五九一）に甲斐国主となった加藤光泰《みつやす》の墓（市史跡）があり、本堂の東側には横田尹松《ただとし》（君松）の墓がある。武田二十四将の一人として名が知られる横田備中守高松《たかとし》は、天文《てんぶん》十九年（一五五〇）十月一日のいわゆる〝戸石崩《といしくず》れ〟で戦死し、その跡を原美濃守虎胤《とらたね》の子が横田十郎兵衛康景《やすかげ》を称して継ぐが、康景も天正三年の長篠《ながしの》の合戦で戦死している。尹松はその康景の子で、元亀三年の三方ヶ原《みかたがはら》の合戦にも十九歳で参戦したという。武田氏滅亡後は幕臣となり、寛永《かんえい》十二年（一六三五）まで生きた。この墓（無縫塔）は生前の天正十二年に造立された逆修《ぎゃくしゅ》の供養塔で、「無《む》言道本《ごんどうほん》」の法名を刻む（図52）。

八田家御朱印屋敷

八田氏は、中世末木《すえき》を称し、戦国商人として活躍した一族である。石和町八田にあるこの屋敷は、周囲を土塁と堀で囲まれていた形態を一部に残し、

図53　八田家御朱印屋敷書院

中世土豪屋敷の景観を伝えるものとして県の史跡に指定された。戦国商人であった末木正重から家重→政清と伝領され、政清が徳川家康から朱印状をもって安堵《あんど》されたため、御朱《ごしゅ》印屋敷《いんやしき》と通称されている。商人として著名なのは家重の弟とみられる新左衛門尉である。

彼は武田氏の蔵前衆《くらまえしゅう》の一人として年貢の収納・管理に関与し、躑躅《つつじ》ケ《が》崎《さき》館《やかた》の御弓の番所に出入りして信玄から声をかけられることもあったという。徳川氏から月馬五疋や百石積船の諸役を免許されたのも、武田時代からの商人としての活動を背景としたものと考えられる。慶長年間（一五九六〜一六一五）に亡くなり、遺産は政清の子政俊が相続するが、その際作成されたとみられる家財目録は当時の在郷商人の生活を知るに足る貴重な史料である。かつては屋敷のすぐ北を笛吹川《ふえふきがわ》が流れていたといい、明治四十年（一九〇七）の水害で大きな被害を受けたが、江戸時代前期の書院（県文化財・図53）が残り、また、石和陣屋の門が移築されるなどしており、公園化された周囲とともに往時をしのぶことができる。

勝沼氏館跡

勝沼宿を抜けた先の右手、日川《ひかわ》右岸に館跡《やかたあと》はある。昭和四十八年（一九七三）の県立ワインセンター建設にともなう発掘調査によって確認されたもので、国史跡。

国中《くになか》と郡内《ぐんない》を結ぶ要地に位置する当館に拠った勝沼氏は、信虎《のぶとら》の弟信友《のぶとも》に始まる。永正《えいしょう》十七年（一五二〇）の岩殿山《いわとのさん》七社権現（大月市）修理棟札《しゅうりむなふだ》には、鳥目《ちょうもく》百疋の寄進者として左衛門大輔《さえもんたゆう》信友の名が見える。岩殿山は笹子《ささご》峠を挟んで館に接するから、そのころにはすでに館主となっていたのであろう。しかし、天文《てんぶん》四年（一五三五）の北条氏綱《うじつな》との合戦で小山田勢と行動をともにして戦ったが大敗、二七〇人以上の部下を失い、みずからも戦死した（『勝山記』）。その跡を継いだ嫡男丹波守《たんばのかみ》信元《のぶもと》は、父と同様に親族衆の一人として活躍するものの、永禄三年（一五六〇）武蔵の藤田右衛門に内通して敵を国内に引き入れようとしたことが発覚、成敗され、家臣五六〇騎は跡部《あとべ》大炊助《おおいのすけ》・武田逍遙軒《しょうようけん》に分与されたという（『甲陽軍鑑』）。この記事の真偽は定かではないが、これ以降史料上から勝沼氏の名は消える。館もこのとき廃されたのであろう。

南と西が日川の断崖に面し、東・北に空堀《からぼり》を配した内郭部は、東西九〇メートル・南北六〇メートルの規模で、周囲に土塁をめぐらす（図54）。発掘された遺構は三時期に分けられるが、十六世紀前葉段

図54　勝沼氏館跡内郭部発掘遺構

図55　勝沼氏館跡に復元された工房

階の遺構である建物や石積水路・水溜などが復元表示されている。また、内郭から東の空堀内に設けられた木橋を渡った先の外郭部にも整備の手がおよんでおり、引水施設や檜物《ひもの》職人らの工房などが発掘され、一部が復元されている（図55）。

大善寺

館跡の少し東の山側にあるのが、新義真言宗の古刹《こさつ》柏尾山《かしおさん》大善寺《だいぜんじ》である。創建に関しては、鎌倉時代初期には成立していた平安初期説が最も古く、本尊が弘仁仏《こうにんぶつ》であることとも合致する。ついで、鎌倉末期に奈良時代の行基《ぎょうき》説（天平四年とも養老二年ともいう）が登場し、戦国末期に天禄《てんろく》二年（九七一）三枝《さいぐさ》守国説が登場するのは、外護を受けやすいように時代とともに寺伝を変化させたことを物語る（磯貝正義「甲斐大善寺草創伝説について」『信濃』二〇―一）。ただし、寺背後の白山《はくさん》から出土した康和《こうわ》五年（一一〇三）の経筒《きょうづつ》（重要文化財、東京国立博物館所蔵）銘によれば、当寺の往生院で行われた如法経供養《にょほうきょうくよう》の際惣行事を務めたのは、散位《さんに》三枝宿禰《すくね》守定・同守継・権介《ごんのすけ》守清らであることから、三枝氏が早くから当寺の造営・保持に関わっていたのは確かで、三枝氏の氏寺として成立したとの推定は一般的に認められており、讒言《ざんげん》により甲斐に流罪となった三枝守国が、後を追って丹波国から飛来した薬師如来を本尊として当寺を創建し、百六十歳まで生きたなどという荒唐無稽な守国伝説が生まれる素地をなしたといわれている。

文永《ぶんえい》七年（一二七〇）の火災で伽藍を失うが、鎌倉幕府の援助のもとに弘安《こうあん》七年（一二八四）

再建に着手し、本堂は同九年立柱、正応《しょうおう》四年（一二九一）上棟をへて、徳治《とくじ》二年（一三〇七）ごろには完成したと思われる。二三年におよぶ造営期間は工事の大変さを象徴するもので、幕府も途中の延慶《えんぎょう》三年（一三一〇）には信濃への棟別銭《むなべつせん》賦課を命ずるなど造営費の捻出に腐心している。これが現本堂で、庫裏《くり》西側の石段を登り切ると、桁行五間（一八・〇二メートル）・梁間五間（一七・四二メートル）、檜皮葺《ひわだぶき》の建物が目の前に現れる（図56）。東日本随一の鎌倉時代和様建築といわれる優美なたたずまいは、見る者の心を和ませ、何度来ても飽きさせない。建武三年（一三三六）には南朝方の初雁《はつかり》五郎の攻撃によって常行堂・宝蔵・五所権現・浄瑠璃寺《じょうるりじ》・如法《にょほう》道場・鐘楼堂などの諸堂を焼失するが、当寺は終始北朝方として行動したとみえ、甲斐守護武田信武やその子信成は将軍足利尊氏のために祈禱を命じ、文和《ぶんな》四年（一三五五）には信成の子信春が国中の南朝勢に対抗するため当寺に陣を構え、貞治《じょうじ》四年（一三六五）寺領を寄進するなど、武田氏との関係も深くなった。天文《てんぶん》九年（一五四〇）の大風によって本堂の屋根を吹き飛ばされるなど大きな被害を受けたときには、信玄はじめ、檀那《だんな》である今井信甫《のぶすけ》・信良《のぶよし》父子、郡内の小山田信有らの援助を受けて修復し、二十四年盛大な落成供養を行なっている。天正《てんしょう》十年（一五八二）三月三日、新府城を捨てて岩殿《いわとの》城に向かう勝頼一行は当寺に一泊するが、当寺境内に庵《いおり》を構えていた勝沼信友の娘といわれる理慶尼《りけいに》が書いた『理慶尼記』は、別名『武田勝頼滅亡記』とも呼ばれるように勝頼の最後の様子を叙事詩的に描いたもので、当寺にもその写本が伝えられ、墓も残る（図57）。

図56　大善寺本堂

図57　理慶尼の墓

国宝の本堂の石段の途中には、三間一戸の大きな山門（県文化財）があるほか、多くの文化財を保有する。本尊の薬師三尊は山梨では類例の少ない九世紀後半の作例であり、文永の火災で焼失した丈六《じょうろく》の薬師如来の脇侍《わきじ》と考えられる日光・月光菩薩像（県文化財）は二・五㍍ほどある大きな像で、等身の十二神将（重要文化財）を従えるが、いずれも十三世紀前半の嘉禄《かろく》・安貞《あんてい》年間（一二二五〜二九）ごろに造られた秀作である。また、役行者堂《えんのぎょうじゃどう》に安置される鎌倉時代後期の役行者像（県文化財）は、もとは御坂峠《みさかとうげ》上に鎮座していたものだが、武田信春によって当寺に遷されたという。また、傷みは著しいが、縦約四・四㍍、横約三・四㍍の絹本著色《けんぽんちゃくしょく》不動明王《ふどうみょうおう》像は、十一〜十二世紀の作とされ、古寺としての一端を伝えている。このほか、文明《ぶんめい》十六年（一四八四）銘の十六善神図（町指定）、徳治《とくじ》二年（一三〇七）の陽鋳銘を持つ鰐口《わにぐち》、七二点の大善寺文書、板笈《いたおい》（以上、県文化財）、庫裏《くり》の裏にある江戸時代前期の庭園（県名勝）などがあり、申し込めば本堂内の拝観も可能で、見どころは多い。

景徳院

大和村田野には、勝頼らの菩提《ぼだい》を弔《とむら》うために創建された曹洞宗《そうとうしゅう》寺院がある。田《た》野《の》寺《じ》ともいう。大善寺を出た勝頼一行は、岩殿城の小山田信茂《のぶしげ》の離反により、やむを得ず武田氏ゆかりの天目山《てんもくさん》をめざして日川《ひかわ》渓谷に入るが、迫り来る織田軍の前に、三月十一日田野の地で自害した。戦いは凄惨なもので、断崖の草に摑まって多くの敵を倒したという「土屋惣蔵の片手斬り」の遺跡や、日川は流した血で三日間染まったため「三日血川《みっかちがわ》」と呼ばれたこ

図58　景徳院山門
（安永８年建立）

図59　武田勝頼の墓（中央）と
夫人・信勝の墓

とから命名されたという所伝が残る。最後まで従ったのはわずか数十人といわれ、寺には五四人の位牌が納められている。徳川家康が広厳院住持拈橋《ねんきょう》倀因《ちょういん》に対し、当地に勝頼の菩提所の創建を命じたのは天正十年七月とされ、十六年に完成したのが当寺である。

伽藍は何度かの火災により失われ、安永《あんえい》八年（一七七九）建立《こんりゅう》の山門（県文化財・図58）が最も古いが、境内は武田氏最後の地として県史跡となっている。また、山門前を右手に曲がると勝頼・夫人・嫡子信勝の影像を祀る甲将《こうしょう》殿があり、その前の広場に三人が自害したと伝える生害石、裏に二百年遠忌《おんき》を期して安永四年に造立《ぞうりゅう》された勝頼の墓（宝篋印塔《ほうきょういんとう》）があり（県史跡）、左右に夫人と信勝の五輪塔が並ぶ（図59）。

なお、田野の手前の鶴瀬から右に折れて笹子峠を越えれば郡内で、岩殿城に至る。

棲雲寺

渓谷を遡ると大和村木賊《とくさ》の集落に至るが、ここに臨済宗《りんざいしゅう》の天目山棲雲寺《せいうんじ》（棲雲寺）がある。この寺は業海本浄《ごっかいほんじょう》によって貞和《じょうわ》四年（一三四八）に開かれた。中国に渡って杭州の天目山で修行した業海が、地形が似ているところを選んで命名したという。開基は武田信満と伝えるが、上杉禅秀《ぜんしゅう》の乱に加担した信満が、鎌倉から敗走してきて自害したのは応永二十四年（一四一七）二月六日のことである。勝頼滅亡時には、追走する織田軍の兵火によって焼失したというが、創建当初の文化財も多く残される。文和《ぶんな》二年（一三五三）に院広・院遵《いんじゅん》が造顕した普応《ふおう》国師像（重要文化財）、同じ作者の釈迦如来

図60　棲雲寺庭園内に刻まれた
地蔵菩薩の磨崖仏

図61　棲　雲　寺　庫　裏（推定文禄元年建立）

像、同年の業海本浄像、師中峰明本《ちゅうほうみょうほん》（普応国師）から開山に伝えられたという袈裟《けさ》（以上、県文化財）があるほか、開山の手になる庭園（県名勝）が庫裏の右手に広がり、庭園内の岩には山梨県では珍しい地蔵菩薩と文殊菩薩の磨崖仏《まがいぶつ》が刻される（県文化財・図60）。また、本堂左手には文和二年銘のある関西形式の普同塔、観応《かんのう》三年（一三五二）銘の関東形式の開山塔と呼ばれる二基の宝篋印塔《ほうきょういんとう》があり（ともに県文化財）、その隣には信満の墓（村史跡）と伝える宝篋印塔も残る。庫裏は文禄元年（一五九二）建立と推定されるが（県文化財・図61）、最近解体修理が行われて面目を一新した。その庫裏の前には延文四年（一三五九）銘の梵鐘《ぼんしょう》（県文化財）を吊す小さな鐘楼もある。軍配・陣中鏡・大数珠《おおじゅず》・文鎮《ぶんちん》などは信玄所用のものと伝え、武田軍旗は勝頼滅亡後納められたという（いずれも村文化財）。住職が常住しないため、伝灯庵（宝物庫）は常時拝観できるとはかぎらないが、正面に見える富士の姿とともに、庫裏・庭園や石造物が禅の世界に誘ってくれる。

秩父往還に沿って

雁坂峠《かりさかとうげ》を越えて秩父《ちちぶ》に至る道で、雁坂口・秩父街道とも呼ばれた。甲府市の山崎三叉路《さんさろ》で甲州街道を分かれた道は、ほぼ国道一四〇号のルートをたどって笛吹川《ふえふきがわ》に沿って遡り、三富村《みとみ》川浦《かわうら》より標高二〇八二メートルの峠を越えて埼玉県大滝村栃本《とちもと》へ出たが、約一六キロの峻険な峠道は容易に一般の通行を許さなかった。現在は平成十年（一九九八）雁坂トンネルの開通によって「開かずの国道」問題は解消されているが、通行の困難さは中世でも同様だったとみえ、永禄《えいろく》十二年（一五六九）～元亀《げんき》二年（一五七一）にかけて武蔵への侵攻を繰り返した信玄は、この道を利用していない。しかし、応永《おうえい》三十三年（一四二六）には武蔵七党が当口から乱入したといい（『鎌倉大草紙』）、天正《てんしょう》十年（一五八二）の壬午《じんご》の乱のときには北条氏邦《うじくに》が七〇〇〇の兵を率いて越えようとしたというから軍勢の通行も不可能だったわけではなく、また、

秩父往還とは

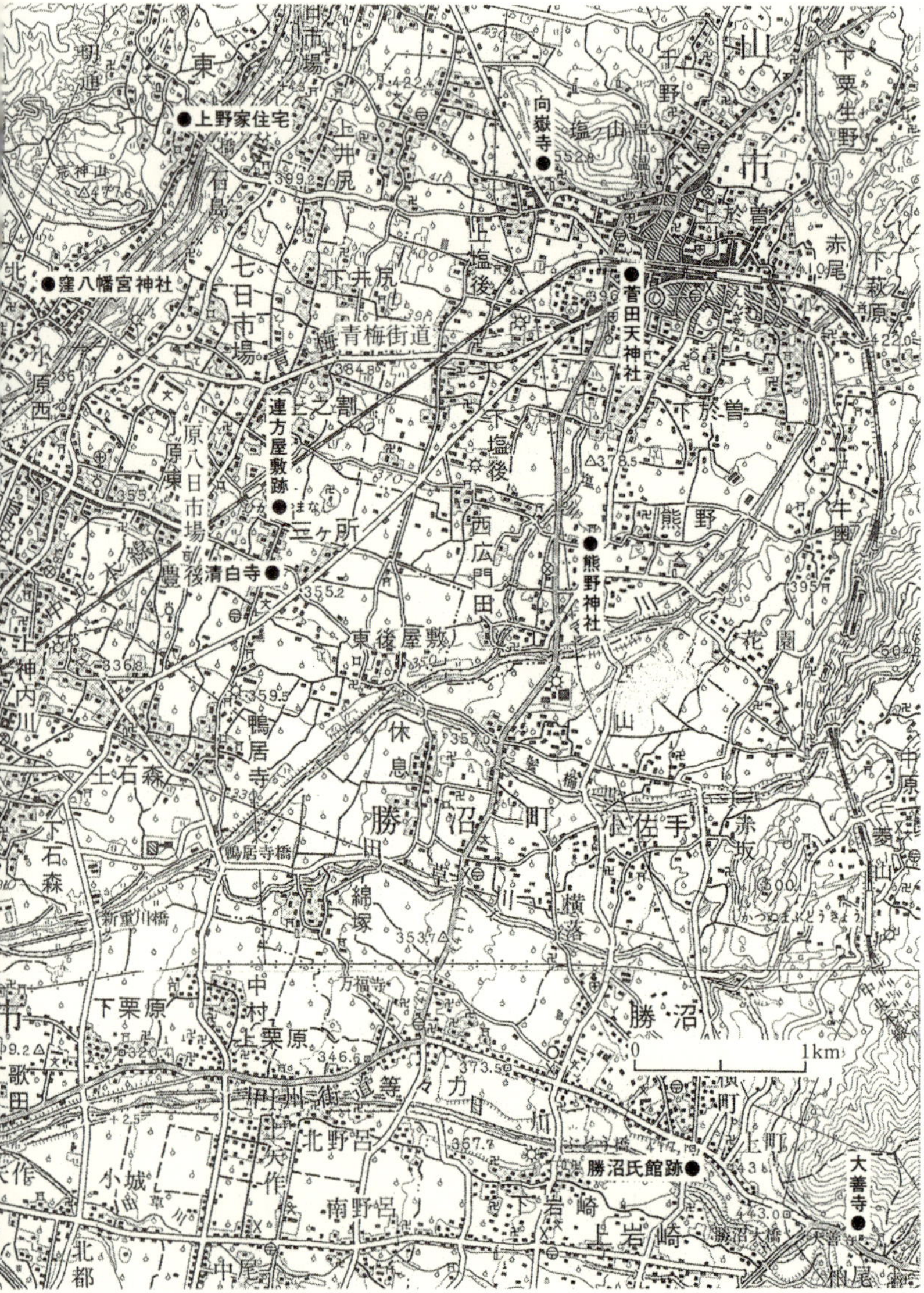
上野家住宅
向嶽寺
窪八幡宮神社
菅田天神社
連方屋敷跡
清白寺
熊野神社
勝沼氏館跡
大善寺
青梅街道
甲州街道
0 1km
七日市場
上井尻
下井尻
上塩後
下塩後
塩山
上之割
三ヶ所
原八日市場
西広門田
東後屋敷
熊野
花園
下於曽
休息
勝沼町
小佐手
赤坂
上石森
下石森
鴨居寺
鴨居寺橋
綿塚
横落
下栗原
中村
上栗原
等々力
北野呂
南野呂
下岩崎
上岩崎
勝沼
上町

梅街道周辺の史跡

永昌院
万力林
山梨岡神社
山梨市
春日居町
天坪
山根
万力
上岩下
下岩下
田屋
正徳寺
笛吹川
熊野堂
徳条
桑戸
加茂
鎮目
国府
寺本
小松
大野
下神内川
県果樹試験場
江曽原
市川
大工
経寺山
鬼山
川中島
松本
山崎
田中
一町田中
笛吹橋
秩父往還
国道140号線
△616.9
△459.2
△913.0
△715.6
362.5
301.5
315.3
285.4
284.8
287.9
293.4
292.7
284.5

図62 秩 父 往 還 ・ 青

図63　逍　遙　院

躑躅《つつじ》ヶ《が》崎館《さきやかた》の北に通ずる間道を分岐するなど軍事的にも重要な役割を担っていた。

逍遙院

　国道から右手に少し入ったところにある曹洞宗《そうとうしゅう》寺院で、ここはまだ甲府市分（桜井町）である（図63）。大永《だいえい》四年（一五二四）涌善《ゆうぜん》院の名で創建されたが、後に信玄の弟信廉《のぶかど》の位牌所となり、法名の逍遙軒信綱《しょうようけんしんこう》にならって寺号も改めたという。信廉の剃髪時期は信玄の喪に服するためといわれ、文書上でも信綱の初見は元亀四年五月十日だから、現寺名への変更もそのころと思われ、寺蔵の天正二年（一五七四）三月二十八日勝頼寺領安堵状《あんどじょう》ではすでに「逍遙院大益和尚」宛てになっている。逍遙軒は画技に優れ、母大井夫人画像（長禅寺蔵）、父信虎画像（大泉寺蔵）は重要文化財に指定されているほか、雪田和尚像（恵運院蔵）・鎧不動尊像《よろいふどうそん》（恵林寺蔵）なども彼の作品とされる。天正七年には逆修供養《ぎゃくしゅくよう》を行い、「逍遙院殿海天綱公庵主之霊」と自刻した一米《メートル》余の黒漆塗《くろうるしぬ》りの位牌を納めている（市文化財）。天正十年には大島城（長野県下伊那郡松川町）を守備していたが、二月十七日の織田軍の攻撃を前に城を捨て、三月七日甲府に侵攻してきた信忠によって成敗された。

山梨岡神社

式内社と伝える春日居町鎮目《しずめ》にある当社は、背後にご神体でもある御室山《みむろやま》を負う古社である（図64）。当初は山中に所在したが、後に梨の木の茂る現在地を開発して遷座《せんざ》したため山梨岡《やまなしおか》神社を称し、これが郡名の起こりとなったと伝え、境内に郡石《こおりいし》と呼ばれる石が残る。国に災害が起こるときは事前に御室山が鳴動し、池が朱に染まると伝えられるが、『王代記』には、享禄《きょうろく》元年（一五二八）九月七日「山梨宮垂木《たるき》一本ヨリ血流、九日留、十日ヨリハ四本ヨリ流」とあって、予兆らしき現象が生じたことがあったことも記録される。永禄《えいろく》四年（一五六一）の番帳《ばんちょう》では府中八幡神社への勤番を第一番に務めるとともに、出陣の際には信玄が社参して必ず奉納したという太々神楽《だいだいかぐら》が伝えられ（県文化財）、四月の例祭日には今も拝殿脇の神楽殿《かぐらでん》で舞いつづけられている。

本殿は二間社隅木入春日造《すみぎいりかすがづくり》で、建立年代は記録されないが、建物の特徴から室町時代後期と推定されている（重要文化財・図65）。また、社前に掲げたという天文《てんぶん》十三年（一五四四）九月晦日《みそか》の信玄禁制《きんぜい》（木札）も伝存しており、本殿の造営も武田氏の外護のもとでなされたことを窺

図64　山梨岡神社背後の御室山

図65　山梨岡神社本殿

わせる。拝殿は、元禄《げんろく》十五年（一七〇二）建立と下るが、内部に大虹梁《こうりょう》、海老《えび》虹梁や彩色された蟇股《かえるまた》を用い、化粧屋根裏天井を見せるなど仏堂的で、地方色を顕著に示していておもしろい。

永昌院

山梨市矢坪集落の最も高いところにあり、眼下に甲府盆地が広がる。信玄の曾祖父信昌《のぶまさ》を開基とする曹洞宗《そうとうしゅう》寺院である。文明年間（一四六九〜八七）、信昌みずからが一華文英《いっけぶんえい》を招いて開創したといい、永正元年（一五〇四）とも伝える。また、武田信縄《のぶつな》が亡父信昌の菩提所《ぼだいしょ》として創建したとの二世菊隠瑞潭《きくいんずいたん》の証言（『菊隠録』）に従えば、信昌の死は永正二年九月十六日、信縄は四年二月十四日死去だから、創建は永正三年ごろとなる。八年四月には鎮守の白山神の勧請《かんじょう》法要を行い、九月には信虎が祖父の七回忌を執行しているから、このころまでには伽藍《がらん》もととのえられたものと思われる。信玄も当寺には庇護を加え、天文二十二年（一五五三）には猿橋（大月市）にある当寺領の年貢対捍《たいかん》を停止《ちょうじ》するよう郡内領主小山田氏に命じ、宗門内部の問題についても、本寺広厳院住職を当寺を含む雲岫《うんしゅう》三派に限ることを承認したり、岩村田（長野県佐久市）の竜雲寺に迎えた北高全祝《ほっこうぜんしゅく》に対する応援体勢をととのえることを約した文書を当寺に与えている。元亀《げんき》元年（一五七〇）に定めた曹洞宗法度には、六世謙室大益《けんしつだいえき》が甲信二国の同宗有力者六人の一人として署名しており、宗内でも重きをなした。大泉寺での信虎の葬儀には、北高とともに謙室が参加している。

本堂裏の開山堂には、信昌の墓（五輪塔と宝篋印塔《ほうきょういんとう》）があるが（市史跡）、これは七回忌の際造

図66　永 昌 院 鐘 楼

図67　万　　力　　林

立されたものである。法名永昌院殿傑山勝公《けつざんしょうこう》大禅定門。庫裏の手前にある鐘楼（図66）に掛かる梵鐘《ぼんしょう》は、永和《えいわ》三年（一三七七）神取《かんどり》郷（北巨摩郡明野《あけの》村）の大林寺鐘として鋳造されたが、応永二十七年（一四二〇）東光寺（甲府市）に移され、さらに信昌によって当寺に納められた。しかし、その後ふたたび流出して遠江《とおとうみ》で発見されたものを、家康が当寺にもどしたという数奇な運命をたどった経緯が刻銘によって知られる（県文化財）。また、菊隠《きくいん》が賛を付した開山の頂相《ちんぞう》（県文化財）、法語集『菊隠録』、一二点の中世文書、最古に属する元和《げんな》四年（一六一八）の五人組帳（以上、市文化財）などのほか、多くの典籍類を蔵する。

万力林

笛吹川右岸に至ると、鬱蒼とした松林がある。ここは、竜王堤《りゅうおうづつみ》・近津堤《きんづづつみ》と並ぶ水防の難所で、万力《まんりき》の名も水難を防いで欲しいとの願いから命名されたといわれ、林は天正《てんしょう》十一年（一五八三）の大水害の後、水防のために造林されたのにはじまるという。現在は山梨市立公園として憩いの場になっているが、林の中に石積《いしづみ》の堤が一基だけ残っており（市史跡・図67）、かつての万力堤の雰囲気を伝えてくれる。

窪八幡神社

山梨市北にある。貞観《じょうがん》元年（八五九）宇佐八幡宮を勧請《かんじょう》して大井俣神社と称したのにはじまるといい、式内社《しきないしゃ》と伝える。のち、窪八幡《くぼはちまん》と改めるが、社名にちなんで所在地一帯を八幡《やはた》郷と呼んだ。歴代守護の信仰も厚く、その外護によって社殿が建立されたことが社記に見えるが、永正十三年（一五一六）九月二十八日信虎《のぶとら》は西郡《にしごおり》の大井氏と結んで侵入

図68　窪八幡神社
本殿

図69　窪八幡神社鐘楼
（天文22年建立）

してきた駿河勢と万力で戦い、その戦火により当社建物の多くが焼失した。信虎はさっそく曽根《そね》昌長をして本殿の再建工事に取り掛からせ、永正十六年にはほぼ完成したものとみられる。この建物は三間社を三社並べ、その相《あい》の間をそれぞれ一間で結んだ十一間社流造《ながれづくり》という全国唯一の特異な形式を持つ（図68）。また、正面脇間の板壁には、落剝が著しいが、北から立葵《たちあおい》に麝香《じゃこう》猫《ねこ》・竹に麝香猫・竹に鶴・芙蓉《ふよう》に鶴・松竹に虎・竹に虎の画が描かれる。今も認められる金箔は、弘治《こうじ》三年（一五五七）川中島への出陣を前にした信玄が、甘利《あまり》昌忠に命じて押させ、戦勝を祈願したものという。拝殿もちょうどその年に完成し、軒に掛かる天文二十二年（一五五三）銘の鰐《わに》口《ぐち》（重要文化財）に同年金箔押しの追刻がなされたのは、本殿壁画の場合と同趣旨であろう。本殿右手にある三間社流造の摂社《せっしゃ》若宮八幡神社本殿は十五世紀後期の建物と推定され、同拝殿は天文五年の造立である。本殿左手の末社武内大神《たけのうちおおかみ》本殿、拝殿左手の同高良《こうら》神社本殿は、ともに一間社で明応《めいおう》九年（一五〇〇）建立と目されるが、形式は前者が流造、後者が隅木入春日造と異なる。神門は四脚門形式で永正八年、鳥居は天文九年造営である。神門を入った右手池の中島に建つ比咩《ひめ》三神本殿は寛永二年（一六二五）徳川忠長再建と、以上九棟の重要文化財のうち唯一の江戸時代建築で、神門前の小川に架かる石橋は附指定である。これ以外に、若宮本殿右手裏にある享禄《きょうろく》五年（一五三二）銘の石造の如法経塔《にょほうきょうとう》、右手前にある天文二十二年建立の鐘楼（図69、ともに県文化財）は、神仏習合時代の遺構といえるが、前者の刻銘が無惨に削り取られているのが痛々しい。

宝物庫には、かつて本殿前に安置された木造狛犬《こまいぬ》六軀が納められる（県文化財）。墨書銘によれば、天文十七年薩摩の林可が造ったもので、信玄の武運長久を願って権大僧都《ごんだいそうず》法印良舜《りょうしゅん》が奉納したものであり、一四枚残る板絵著色三十六歌仙図（市文化財）は天文十四年の信濃箕輪攻略を記念して信玄みずから筆を執《と》って納めたものと伝えるなど、武田氏との関係は深い。また、天文二十二年の境内古図（県文化財）は、その時点での建物配置や掃除分担などが詳細に記され、現存建物との比較もできるなど、残存例の少ない中世絵図として貴重である。

上野家住宅

当家の祖先は武田氏家臣で、元亀《げんき》二年（一五七一）四月朔日《ついたち》武田氏朱印状に見える岩手《いわで》郷（山梨市）の棟別《むなべつ》免許調衆《しらべしゅう》の一人上野左近丞《さこんのじょう》である。武田氏滅亡後、徳川家康から「岩手内弐拾五貫三百文、幷恩（ママ）棟別三間」を本領として安堵されたが、その後帰農した。現在の主屋は江戸時代前期の建立と推定され、桁《けた》行一〇間（一九・五メートル）、梁《はり》間四間半（八・二メートル）の規模をもち、表門・文庫蔵・穀蔵《こくぐら》・質蔵《しちぐら》とともに県指定されている（図70）。これらの建物を中心に内囲《うちがこい》と呼ばれる方形の地割が残り、周囲に土塁と堀をめぐらした痕跡が明瞭に認められ、一部現存する。主屋は民家として古く、土塁・堀をめぐらした屋敷構えは、在郷の武士が生活する中世武家屋敷景観を彷彿《ほうふつ》とさせる。

図70　上野家住宅主屋

恵林寺

塩山市小屋敷にある当寺は臨《りん》済《ざい》宗《しゅう》で、信玄の菩提寺である。元徳《げんとく》二年（一三三〇）二階堂貞藤《さだふじ》（道蘊《どううん》）が夢窓疎石《むそうそせき》を開山に招じて創建した。南北朝時代には、竜湫周沢《りゅうしゅうしゅうたく》・絶海中津《ぜっかいちゅうしん》などの名僧が入寺し、東国における夢窓派の拠点として発展した。室町時代に入ると衰退し、歴代住職もわからないほどになるが、戦国時代になって信玄が登場するとふたたび息を吹き返す。すなわち、天文十年（一五四一）国主になったばかりの信玄は、前妙心寺住持で、東国行脚《あんぎゃ》中にたまたま甲斐に立ち寄り、河内《かわうち》の穴山信友に剣江義鉄《けんこうぎてつ》の法号を与えた飛驒出自の明叔慶浚《めいしゅくけいしゅん》を、当寺住持に迎えて再建に着手した。中興の祖とされる明叔が三年ほどで去ると、鳳栖玄梁《ほうせいげんりょう》・月航玄津《がっこうげんしん》・天桂玄長《てんけいげんちょう》・

快川紹喜《かいせんじょうき》・策彦周良《さくげんしゅうりょう》・希庵玄密《きあんげんみつ》らの名僧をつぎつぎと請来し、寺運の興隆を図った。特に、天文二十二年に招き、弘治元年（一五五五）大井夫人の年忌《ねんき》供養《くよう》に関与した翌年、美濃崇福寺《すうふくじ》にもどった同国出自の快川についてはその後も親交がつづき、快川も永禄五年（一五六二）には前年の川中島の合戦を「百戦百勝」と祝し、弟信繁の戦死について悔やみを述べた書状を送るなど信玄に深く敬意を払っている。永禄七年（一五六四）十一月念願の快川再住を果たすと、当寺に寺領約三〇〇貫文を寄進するとともに、自分の牌所《はいしょ》と定め、東西八四尺（約二五・五メートル）・南北七二尺（約二二メートル）の大方丈《ほうじょう》を造るなどして、信玄はこれを迎えている。

元亀《げんき》四年（一五七三）に死去した信玄の葬儀は、三年後の四月十六日当寺において盛大に営まれるが、もちろん大導師を務めたのは快川であった。このときは、二十六日までかけて七周忌までの法要が一気に行われたが、掛真《かしん》は建福寺（長野県高遠町）の東谷宗杲《とうこくそうこう》、起龕《きがん》は円光院（甲府市）の説三《せっさん》、鎖龕《さがん》は東光寺（同）の藍田《あいでん》、奠茶《てんしゃ》は開善寺（長野県飯田市）の速伝宗販《そくでんそうはん》、奠湯《てんとう》は長禅寺（甲府市）の高山《こうざん》、下火《あこ》は快川、念誦《ねんじゅ》は圭首座、執骨《しっこつ》は臨済寺（静岡県静岡市）の鉄山宗鈍《てつさんそうどん》、安骨《あんこつ》は長興院（当寺塔頭《たっちゅう》）の大円智円《だいえんちえん》、入室《にっしつ》は速伝、陞座《しょうざ》は快川が主導し、このほか末宗瑞曷《まっしゅうずいかつ》（当寺塔頭普同庵）・桂岩徳芳《けいがんとくほう》（南部町・円蔵院）・大輝祥暹《だいきしょうせん》（静岡県清見寺）・雪岑光巴《せつれいこうは》（甲府市法泉寺）などが法語を連ねるなど、武田領国挙げての葬儀となり、僧だけでも千余人が加わり、葬列には棺の綱を引く勝頼はじめ、御影《みえい》仁科《にしな》盛信（五男）、位牌《いはい》葛山信貞《かつらやまのぶさだ》（六男）、剣小山田信茂、腰物秋山惣九郎・原隼人佐《はやとのすけ》、前龕武田逍遙軒（弟）ら、後龕武田信豊（弟信繁次男）らが従い、重臣として永く仕えた春日虎綱（高坂弾正）は剃髪《ていはつ》して行列に加わった。同様に剃髪した者だけでも数百人におよんだという。前年五月二十一日の長篠で大敗を喫した勝頼にとっては、こうしたかたちで武田の勢力を誇示する狙いも一面ではあったと思われるが、信玄と当寺の関係を象徴して盛大に行われた。

快川は信玄没後も住山し、天正七年（一五七九）の信玄七回忌の導師を務め、九年には大通智《だいつうち》勝《しょう》国師の号を与えられる。十年三月に武田氏滅亡のときを迎えるが、四月三日信長に敵対した佐々木一族をかくまったとの理由で織田信忠によって寺を攻撃され、快川をはじめとする百数十人の僧は山門に集められて焼殺された。その際、楼上の快川は、『碧巌録《へきがんろく》』に見える「安禅《あんぜん》必ずしも山水を須《もち》いず、心頭を滅却すれば火も自《おの》ずから涼し」を遺偈《ゆいげ》として唱え、泰然として死を迎えたという話は有名で、今も残る再建された三門（県文化財、口絵5・図71）には、その偈が掲げられている。本能寺の変で織田信長が死去した後、甲斐国主になった徳川家康は、快川の法嗣末宗を迎えて再建を図った。参道途中にある通常赤門と呼ばれる四脚門は慶長十一年（一六〇六）造建で、再建時の建物である（重要文化財）。明治三十八年（一九〇五）の大火で主要伽藍を失うが、前記二棟のほか、宝永六年（一七〇九）柳沢吉里《やなぎさわよしさと》によって造営された信玄霊廟《れいびょう》明王殿（図73）、昭和四十四年（一九六九）参道正面の仏殿跡に移築された元文《げんぶん》五年（一七四〇）建立の開山

図71　恵 林 寺 三 門

72　武田信玄の墓(寛文12年造立)

図73　武 田 信 玄 霊 廟 (宝永 6 年造営)

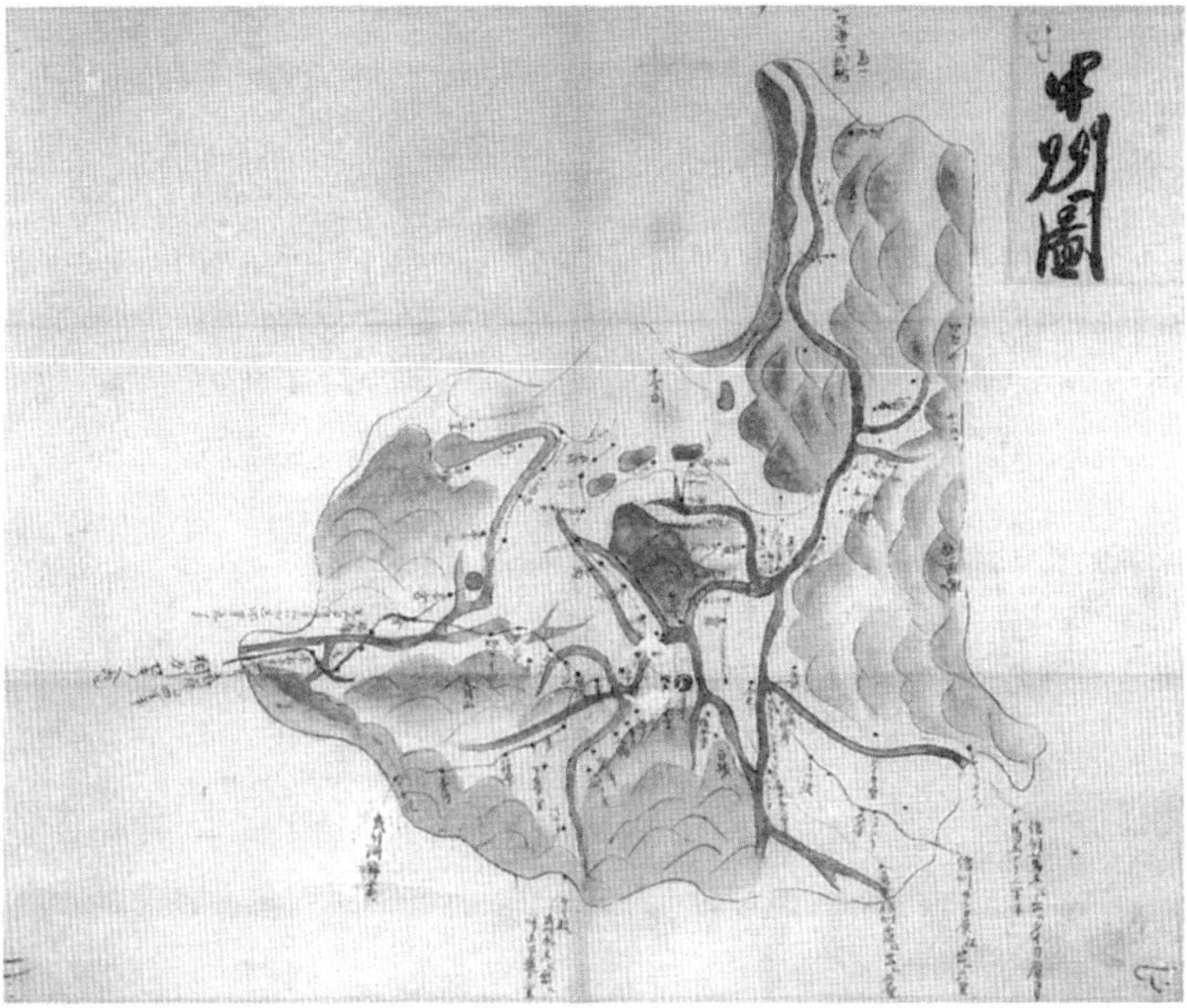

図74　甲　州　古　図（塩山市・恵林寺所蔵）

堂などは焼失を免れ、宝蔵も焼け残ったため、所蔵する文化財も多い。

霊廟に安置される武田不動尊像は信玄の生前の姿を映したものといわれ、信玄みずから剃髪した毛髪を漆《うるし》に混ぜて胸部に塗り込めたとの伝承を持つ（市文化財・口絵4）。青表紙《あおびょうし》の名で知られる永禄六年の二冊の検地帳『恵林寺領《えりんじりょう》穀米《こくまい》幷《ならびに》公事《くじ》諸納物帳《しょおさめものちょう》』『恵林寺領御検地日記』は、戦国大名の在地支配の実態を知り得る好個の研究史料で、しばしば研究論文にも利用され、学術的価値は高い（県文化財）。信玄が佩用《はいよう》したと伝える太刀《たち》・短刀（重要文化財）、信玄筆の伝承がある渡唐天神像（県文化財）、信玄の葬儀を描いた『天正玄公仏事《げんこうぶつじ》法語』（同前）、「甲州古城勝頼以前図」と題された躑躅ケ崎館《つつじがさきやかた》図、逍遙軒彫刻の厨子《ずし》入鎧《いりよろい》不動尊像、信玄の礼拝仏という青銅の釈尊像、信玄所用と伝える六十二間筋兜《すじかぶと》・花菱紋蒔絵鞍《はなびしもんまきえくら》・鉄線唐草文象嵌鐙《てっせんからくさもんぞうがんあぶみ》・軍配団扇《うちわ》・食《じき》籠《ろう》・輪袈裟《わげさ》（以上、市文化財）、武田氏の軍旗とされ、「風林火山の旗」の名で親しまれる孫子《そんし》の旗と諏訪神号旗（県文化財）などの信玄に関するもの以外に、夢窓国師坐像・不動明王および二童子版木・『和漢朗詠集《わかんろうえいしゅう》』『見桃録《けんとうろく》』が県指定で、現存最古の甲斐国図である江戸時代初期の甲州古図（市文化財・図74）もある。当寺は、将軍綱吉に仕えて老中を勤め、甲府藩主となった柳沢吉保《よしやす》夫妻の菩提寺でもある関係で、同家からの寄贈品も多く、当時の工芸技術の粋を集めた蒔《まき》絵《え》などが施された豪華な調度品は圧巻である。境内には昭和四十四年（一九六九）に開館した信玄公宝物館があり、これら寺宝の多くを拝観することができる。また、庫裏・本堂も公開されており、本堂裏手の庭園（国名勝）を観賞し、百年忌に当たる寛文《かんぶん》十二年（一六七二）に造立された霊廟背後の信玄の墓（県史跡・図72）を身近に拝することも可能である。

放光寺

恵林寺《えりんじ》の北に接する当寺は、甲斐源氏安田義定《よしさだ》を開基とする新義真言宗の古刹《こさつ》である。義定は頼朝に謀叛《むほん》の疑いをかけられ、当寺で自害したというが、寺はその後も維持された。弘治《こうじ》元年（一五五五）には武田氏により寺領の棟別改《むなべつあらた》めが実施され、永禄十一年（一五六八）三月には信玄の越後侵攻計画に対する戦勝祈願を命ぜられるなど、同氏の庇護下にあった。武田氏滅亡時に、恵林寺と同じく織田氏の兵火によって堂宇を失ったが、徳川家康により寺領を安堵《あんど》されて再建への道が確保された。現在の庫裏《くり》は、改変されてはいるが慶長年間建立と伝えるように一部古態を残しており、再建当初のものと思われる（市文化財）。本堂（同前）は元禄年間、愛染堂《あいぜんどう》は元禄二年（一六八九）、仁王門は江戸時代中期ごろと推定されており、現在の寺観は元禄時代ごろにはととのえられたと考えられる。

宝物庫に安置される本尊大日如来坐像《だいにちにょらいざぞう》、不動明王立像《ふどうみょうおうりつぞう》、愛染明王坐像《あいぜんみょうおうざぞう》は平安時代後期の秀作であり、仁王門の左右に納まる金剛力士像二軀は南都仏師の手になる鎌倉時代初期の作品とみられ（図75、以上いずれも重要文化財）、義定開基の所伝を裏付ける。寺伝では金剛力士と同作者という毘沙門天像《びしゃもんてんぞう》（市文化財）も残り、貞治《じょうじ》五年（一三六六）銘の梵鐘は、棲雲寺《せいうんじ》鐘と同じ道金《どうきん》の作である（県文化財）。また、大般若経は遠州医王寺旧蔵で、信玄が同地へ侵攻した際に持ち帰

図75　放光寺仁王門安置の
金剛力士立像

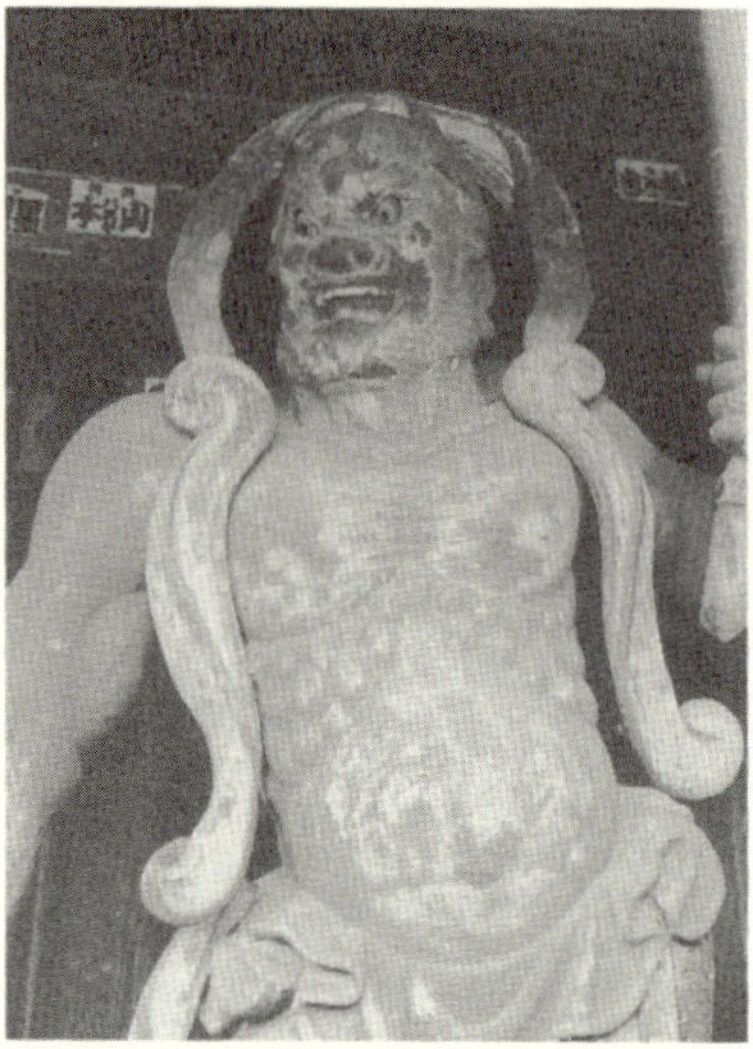

図76　川浦口留番所跡に復元された建物

って奉納したと伝えられる（同前）。これらの寺宝は申し込めば拝観可能で、精進料理（要予約）を味わうこともできる。

川浦温泉　永禄四年（一五六一）、信玄は「河浦湯屋造営本願の事、先々の如く勧進せしむべきの事、寺中評定衆より下知有るべき者なり」と、恵林寺《えりんじ》に対し川浦《かわうら》（三富《みとみ》村）への湯屋の造営を命じているから、当温泉は戦国時代から利用していたことがわかる。「先々の如く」とあるから、この朱印状発給以前から存在していたわけで、伝承によれば、建久《けんきゅう》五年（一一九四）に富士の巻狩《まきがり》の帰途この地に立ち寄った畠山重忠《はたけやましげただ》が夢告により発見し、薬師湯と命名したのがはじまりという。武蔵を本拠とする重忠が発見したという話は、やはり雁坂峠《かりさかとうげ》の通行を前提として語り伝えられたものと思われる。

交通の要地として当地には番所（関所）が設けられた。設置時期は永徳年間（一三八一〜八四）とも伝えるが、元禄の国絵図《くにえず》には対岸の釜口《かまぐち》にも番所が描かれている。峠越えの栃本《とちもと》関所には天《てん》保《ぽう》十五年（一八四四）建築の役宅が残るが（国史跡）、川浦口留番所跡にも移築された番所の門をモデルに建物が復元されている（図76）。

青梅街道に沿って

青梅街道とは

山梨市小原《こばら》西で秩父往還《ちちぶおうかん》と分かれ、塩山《えんざん》市街地をへて重川《おもかわ》沿いに進み、標高一八九七メートルの大菩薩《だいぼさつ》峠《とうげ》を越えて青梅《おうめ》に至る道で、萩原口・大菩薩越・甲州裏街道なども呼ばれる。甲州街道から分かれる山崎三差路から小原西までは秩父往還と重なっており、この部分については江戸時代から両者の名称が混用されてきた。八里もある無人の峠道を越えなければならないが、天正壬午《てんしょうじんご》の乱の際には北条方の黒川繁信が、実現はしなかったがこの道からの侵入を計画している。また、小菅《こすげ》村の山沢《やまざわ》神社に残る天正《てんしょう》十八年（一五九〇）棟札《むなふだ》によれば、同社の造営を桑戸《くわど》（春日居町）の大工花輪三郎右衛門が請け負っているから、峠を挟んでの交流は中世からあったことが窺われる。

原八日市場と連方屋敷

山梨市小原東にある県道（旧青梅街道）の南北約三〇〇㍍ほどの区間は、中央部が約一八㍍と広くなっており、道路として特異な形態になっている。一部分道幅が広いのは、かつてここで定期市が開かれたからで、八日市場と通称され、広場には市神《いちがみ》や道祖神《どうそじん》などが今も祀られる（図77）。天正十年（一五八二）徳川氏が本給として原八日市場七貫文・「市之諸役」一三貫文などを安堵した古屋甚五兵衛は、この市場を支配した在地氏族で、南東五〇〇㍍ほどにある連方屋敷《れんぽう》（県史跡）が居所と考えられている。連方屋敷は方一町の規模で、南を正面として周囲に土塁と堀をめぐらし、門前の南北通りの両側に整然とした屋敷割を残す。ここは武田氏の御料所《ごりょうしょ》（直轄領）の年貢を保管する御蔵の庁所があったところと推定されており、甚五兵衛は蔵前衆《くらまえしゅう》の一人として年貢の徴収・運搬・保管を担当するとともに、八日市場において年貢を売り捌《さば》くなどして流通にも関与したのであろう。

清白寺

連方屋敷の東に接してあるのが、臨済宗《りんざいしゅう》の清白寺《せいはくじ》である。天和《てんな》二年（一六八二）の火災を免れた仏殿（図78）は、応永《おうえい》二十二年（一四一五）建立の代表的禅宗様建築として国宝、美しい妻飾りを見せる元禄時代の庫裏《くり》は県文化財に指定され、本堂・総門も江戸中期の建物で寺観をととのえる。開基を足利尊氏《あしかがたかうじ》とするが、実質的にはその忠実な部下武田信武が深く創建に関与したのではないかと推定されるほかは、武田氏との関係を示す話は意外に少なく、山県昌景《やまがたまさかげ》家臣の小地《おち》五郎左衛門が自害したのを信玄が憐れみ、金二〇両を添えて当寺に葬

図77　八日市場跡に残る市神や道祖神

図78　清 白 寺 仏 殿（応永22年建立）

ったという話が伝えられる程度である。

向嶽寺

塩の山の麓塩山市上於曽《かみおぞ》にある当寺は、山号を塩山といい、臨済宗向嶽寺《こうがくじ》派の本山である。康暦《こうりやく》二年（一三八〇）、守護武田信成《のぶしげ》が抜隊得勝《ばっすいとくしょう》を招いて創建した。その後の信重《のぶしげ》・信昌《のぶまさ》・信縄《のぶつな》・信虎《のぶとら》の歴代守護や彼らに従う重臣・在地武士も保護を加え、多くの寺領寄進状や安堵状が今に残される（県文化財）。なかには当寺にしか原本が残らない跡部景家や武田信恵《のぶよし》のものが含まれるなど、貴重なものが多い。信玄もみずからの祈願寺とし、天文《てんぶん》十三年（一五四四）棟別《むなべつ》免許、同十七年寺領寄進、同十八年境内《けいだい》安堵、同二十四年および弘治《こうじ》三年（一五五七）寺領寄進などを行っており、永禄《えいろく》十二年（一五六九）十一月十九日の安堵状では寺領として四八貫文を認めている。また、天文十六年に開山抜隊が後奈良天皇から恵光大円《えこうだいえん》禅師の称を贈られたのも信玄の斡旋によるものといい、その際寺号を向嶽庵から現寺号に改めるとともに、寺中で守るべき法度《はっと》を定めた壁書《かべがき》を信玄から与えられた。武田氏滅亡のとき、寺僧は徳和（三富《みとみ》村）の観音堂に逃れて難を避け、恵林寺《えりんじ》のように焼討ちには遭わなかったが、天明《てんめい》六年（一七八六）と大正十五年（一九二六）の大火で伽藍《がらん》のほとんどを失った。しかし、今なお多くの寺宝を蔵する。

境内正面に建つ中門（重要文化財）は、その左右に連なる築地塀《ついじべい》（県文化財）とともに当寺における唯一の中世建築であり（図79）、開山堂をかねる仏殿（市文化財）は天明の大火後に再建され

図79　向嶽寺中門・築地塀

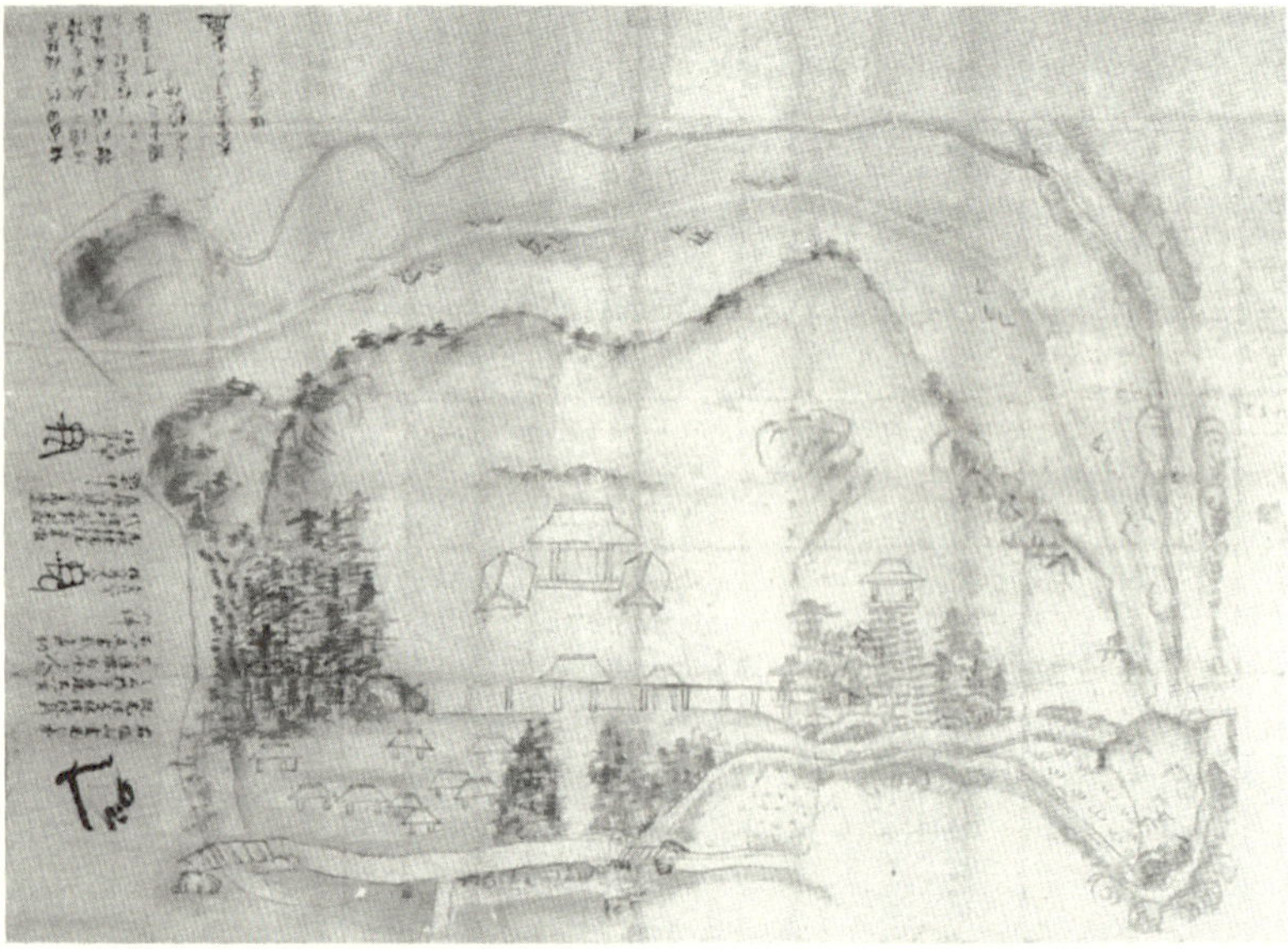

図80　向 嶽 寺 境 内 図（塩山市・向嶽寺所蔵）

たもので、その大きさにかつての繁栄の一端を偲ぶことができる。平成九年（一九九七）完成の大方丈《ほうじょう》背後の塩の山南麓に作られた庭園は、発掘調査にもとづく修復工事が行われ、江戸時代中期ごろの旧観を取りもどしている（国名勝）。伝来の経緯は明らかではないが、蘭渓道隆《らんけいどうりゅう》が着賛した達磨図《だるまず》（国宝）を蔵するほか、開山の師三光国師（孤峯覚明《こほうかくみょう》）像・大円禅師（開山）像の二福の頂相《ちんぞう》（重要文化財）、建長寺の画僧祥啓《しょうけい》筆の墨画梅図や仏涅槃図《ほとけねはんず》（ともに県文化財）など禅宗寺院としての特色ある絵画が伝えられる。また、塩山和泥合水《わでいがっすい》集・抜隊得勝遺誡《ゆいかい》の版木（以上、重要文化財）、金剛般若波羅蜜経《こんごうはんにゃはらみっきょう》・随求陀羅尼儀軌《ずいぐだらにぎき》・塩山仮名法語の版木（以上、県文化財）など一一〇点もの経典類の版木が残されている。仮名法語を除いていずれも南北朝時代のもので、創建当初から教化に取り組んできた当寺の姿勢を具体的に示す。このほか、梵鐘・『塩山向嶽禅庵小年代記』・抜隊得勝墨書・孤峯覚明墨書・峻翁令山《しゅんおうれいざん》墨書（県文化財）などがあるが、なかでも県指定の文書中に含まれる向嶽寺境内図は甲斐における数少ない中世絵図の一つで、信虎・信玄・勝頼・加藤光泰の歴代領主が証判を与えている点でも珍しい（図80）。

菅田天神社

塩山市役所の西にある。甲斐源氏の祖といわれる新羅《しんら》三郎義光が軍陣守護の神として崇拝したのが武田氏の守護神となるはじまりといい、当社に伝わる小桜韋《こざくらがわ》威鎧《おどしよろい》（兜《かぶと》・大袖《おおそで》とともに国宝）が武田氏の重宝「楯無《たてなし》の鎧《よろい》」である（口絵2）。この鎧は、前九年の役に出発する源頼義が後冷泉《ごれいぜい》天皇から下賜されたとも戦勝を祈願した住吉明神から拝領したとも伝えるが、代々武田氏に伝領され、躑躅《つつじ》ヶ《が》崎館《さきやかた》では御旗《みはた》屋に「御旗」と呼ばれる日の丸の旗とともに安置されて当主の祈誓の対象とされたという。館の鬼門《きもん》（東北）にあたる当社に奉納したのは信玄で、於曾《おぞ》氏をして守護させたが、勝頼の落居の際には行をともにし、滅亡後家臣によって向嶽寺の大杉の下に埋められていたものを徳川家康が発見して当社にもどしたと伝えている。今の姿は、盗難にあって損傷したものを、文政《ぶんせい》十年（一八二七）補修したものである。なお、拝殿脇には応永《おうえい》十六年（一四〇九）銘の武田信春寄進と伝える石灯籠があり、境内のカシ群は県天然記念物である。

熊野神社

菅田天《かんだてん》神社から南約一キロにある。後白河法皇のとき、紀州熊野を模して社殿を再建したと伝える。かつての御座《ござ》郷の郷名は当社が所在することによると考えられ、今も字《あざ》は熊野である。文保《ぶんぽう》二年（一三一八）、寛正《かんしょう》三年（一四六二）、応仁《おうにん》元年（一四六七）に社殿造営が行われていることが棟札《むなふだ》から知られるが、隅木入春日造《すみきいりかすがづくり》の本殿二棟（重要文化財・図81）は、建築の特徴から後二者に近い室町時代中期の建立と推定する意見が強い。寛正と応仁の棟札には、守護武田伊豆千代丸・国主武田信長がそれぞれ記載されるが、前者は信昌《のぶまさ》の幼名、後者は同人の初名と考えられるように、その造営には武田氏が深く関与していた。ついで、天文十八年（一五四九）の工事には信玄と地頭今井信甫《のぶすけ》が関わっており、現拝殿はこのときの造立《ぞうりゅう》と考えられる（重要文化財・図82）。また、永禄二年（一五五九）、信玄は前別当が不正に売却した社領の替

図81　熊 野 神 社 本 殿（6棟のうち重要文化財指定の2棟）

図82　熊 野 神 社 拝 殿

わりに新地を寄進して祭祀《さいし》の厳修を命じ、翌年八月の府中八幡への勤番を国中諸社に命じた際には、一宮などとともに番役を免除した一〇社の一つに加えるなど特別な保護措置をとり、勝頼も天正四年（一五七六）当社に禁制《きんぜい》を与えた。

こうした武田氏との関係を象徴するように、信玄・勝頼によって奉納されたと伝える絵画四幅が伝存する。刀八《とうはち》毘沙門天像《びしゃもんてんぞう》・飯縄権現《いいづなごんげん》像（県文化財）は信玄寄進とされるもので、ともに信玄が深く信仰した神像であり、欹器《きき》の図（同前）は中庸《ちゅうよう》をよしとする儒教の説話にもとづくもので、「五分勝」を最上とする信玄がやりすぎないことを自戒するために座右に掲げていたものとされ、信玄が傾倒した恵林寺住僧希庵玄密《きあんげんみつ》着賛の渡唐天神像《ととうてんじんぞう》（市文化財）とともに、信玄の死後、勝頼によって奉納されたという。

雲峰寺　塩山市上萩原の大菩薩嶺登山口に位置する臨済宗寺院である。当初は真言宗（もしくは天台宗）だったが、後に改宗したという。甲斐国の鬼門《きもん》に位置するため、代々国主の祈願所だったといい、火災によって失われた伽藍《がらん》の再興を命ずる信虎の朱印状が残り、永禄元年には信玄が武運長久の祈念を命ずるなどしている。

杉の巨木が立ち並ぶ参道を進み、長い石段を登り詰めると境内に至る。石段途中には仁王門（図83）があり、登り切ると正面に本堂、その右手に庫裏《くり》（図84）が美しい妻を見せ、本堂の背後に書院がある（いずれも重要文化財）。このうち、正徳《しょうとく》六年（一七一六）建立《こんりゅう》の書院をのぞく三棟

図83　雲峰寺仁王門

図84 雲 峰 寺 庫 裏

はいずれも室町時代末期の特徴をそなえており、武田氏による再建時のものと考えられる。本堂左手には桃山時代と推定される小さな中門などもあって、中世禅宗寺院の建物配置と雰囲気をよく伝え、豊かな杉木立と相まって、その森厳《しんげん》さに圧倒される。山中の冷涼な空気は夏場の参詣を歓迎するかのごとくであるが、庫裏前にあるエドヒガンの巨樹（県天然記念物）が開花する春も捨て難い風情がある。寺宝の「日の丸の御旗」（県文化財）は、菅田天《かんだてん》神社に残る楯無《たてなし》の鎧《よろい》と並んで「御旗・楯無」と呼ばれる武田氏の重宝であり、寺伝によれば、天喜《てんぎ》四年（一〇五六）に後《ご》冷泉《れいぜい》天皇から源頼義が下賜されたものという。現存の旗はとてもその時代まで遡らないというのが通説だが、勝頼一行が携行し、滅亡後部下によって当寺に納められたと伝える。この時、一緒に奉納されたという、信玄の馬前に掲げた馬標旗一旒《りゅう》、『孫子』の「疾如風《はやきことかぜのごとく》、徐如林《しずかなることはやしのごとし》、侵掠如火《しんりゃくすることひのごとく》、不動如山《うごかざることやまのごとし》」を快川《かいせん》が書したといういわゆる風林火山の旗六旒（口絵3）、「南無諏方南宮法性上下大明神」などの神号を記した諏訪神号旗一三旒（いずれも県文化財）など、戦陣に用いた軍旗が多数伝存している。なお、境内の一隅には宝物庫があり、寺宝の一部が公開されている。

黒川金山とおいらん淵

雲峰寺から柳沢峠をへて丹波山に向かう国道四一一号は明治十一年（一八七八）に開通した新道だが、柳沢峠の東に位置する鶏冠山《ときかやま》東斜面一帯が黒川金山《くろかわきんざん》である（国史跡）。創設時期は不明だが、黒川千軒と呼ばれる地点の発掘調査により遅くも一五三〇年代には稼働していたことが確認された。しかし、天正《てんしょう》五年（一五七七）には「金山において黄金出来無《しゅったいな》」きため、月馬一疋の往還諸役免許を認める文書が金山衆《かなやましゅう》に対して発給されているから、勝頼時代にはすでに減産が問題にされており、復興への努力がつづけられたものの、十七世紀中ごろには閉山のやむなきに至ったらしい。多くは他の金山へと移住したが、地元に残った者が形成したのが一之瀬・高橋の集落だったと伝える。江戸時代にも、享保・天明・天保の三度にわたって採掘が計画されるがいずれも成功していない。金山は武田氏の致富の源泉の一つといわれるが、当山の経営は在地土豪である金山衆がそれぞれ間歩《まぶ》（坑口）を保有し、個々に金掘《かなほり》を使って採掘させる形態で、武田氏による直轄支配ではなかったらしい。しかし、彼らの採掘技術は城攻めのときにも利用され、元亀《げんき》二年（一五七一）の駿河深沢城攻略には当地の金山衆も動員され、土塁の切り崩しや水源の遮断などに活躍した功により諸役免許を認めた朱印状が七通も残る。また、金山衆に対する採掘権の承認を通じて金は武田氏に集まったわけで、館《やかた》内《ない》の毘沙門堂《びしゃもんどう》に金箔を張り詰めた座敷を造り（『甲陽軍鑑《こうようぐんかん》』）、天文十四年（一五四五）近江多賀大社に黄金二両、同二十二年京都成就院に一〇両、高野山引導院や成慶院にも信玄・勝頼らがしばしば二〜一〇両を納めるなどした文書が残され、主として金が社寺への奉献に用いられた様子が窺える。さらに、天正八年と推定される跡部勝忠・長坂光堅《みつかた》が上杉景勝の家臣長井昌秀に宛てた書状に「御兼約の黄金五拾枚御未進」とある。この武田氏への黄金提供は、六年十二月勝頼の妹お菊と景勝との婚約により同盟関係が成立した際の約束で、なかなか実行されないのに業を煮やした武田側が約束の履行を督促したのであろう。大名間の取引にも黄金が有効に機能していたことが知られる。武田氏にとっては、黒川金山はその重要な供給源の一つであった。

現場は国道から三〜四時間ほど登らなければならないうえ、東京都の水源涵養林《かんようりん》の中にあってなかなか行き難いが（筆者もまだ行ったことがない）、金山の守護神を祀る鶏冠《けいかん》神社に納められた永禄二年（一五五九）銘のある随身像や、天正五年刻銘の勝頼奉納と伝える鏡（図85）などは現存する。山麓を流れる柳沢川には「おいらん淵」なるところがある。閉山の際、黒川千軒にいた遊女の処分に困り、ここに造った釣舞台に集め、切り落として命を絶ったという悲話が伝えられるが、事実でないことはいうまでもない。

図85　鶏冠神社に残る武田勝頼奉納と伝える鏡（天正5年刻銘）

鎌倉街道に沿って

鎌倉街道とは

　鎌倉幕府成立後、御家人が幕府へ通うために利用した中世の道筋で、同様の名称で呼ばれる道路は関東各地に残っているが、甲斐国の場合は御坂峠《みさかとうげ》越えの古代の官道御坂路《みさかじ》（甲斐路）が主としてそう呼ばれる。今の国道一三七号ルートである。戦国時代においては、駿河の今川勢・相模の北条勢の侵入口となり、武田・小山田氏との間で激しい戦闘が展開された。文亀《ぶんき》元年（一五〇一）北条早雲《そううん》が吉田城山《じょうやま》まで攻め込んだとき、武田氏は峠を越えて出兵して撃退、永正《えいしょう》五年（一五〇八）武田信恵《のぶよし》と結んだ小山田軍は国中の戦いで敗退、翌年信虎《のぶとら》が河口宿（河口湖町）焼討、翌年武田・小山田両氏和睦、十三〜十四年駿河勢吉田城山占拠、十八年信虎中津森（都留市）訪問、大永《だいえい》二年（一五二二）信虎富士山参詣、六年北条氏綱と梨木平に戦い信虎勝利など、この道の通行を示す記録が頻繁に残るが、駿河・相模勢にこのル

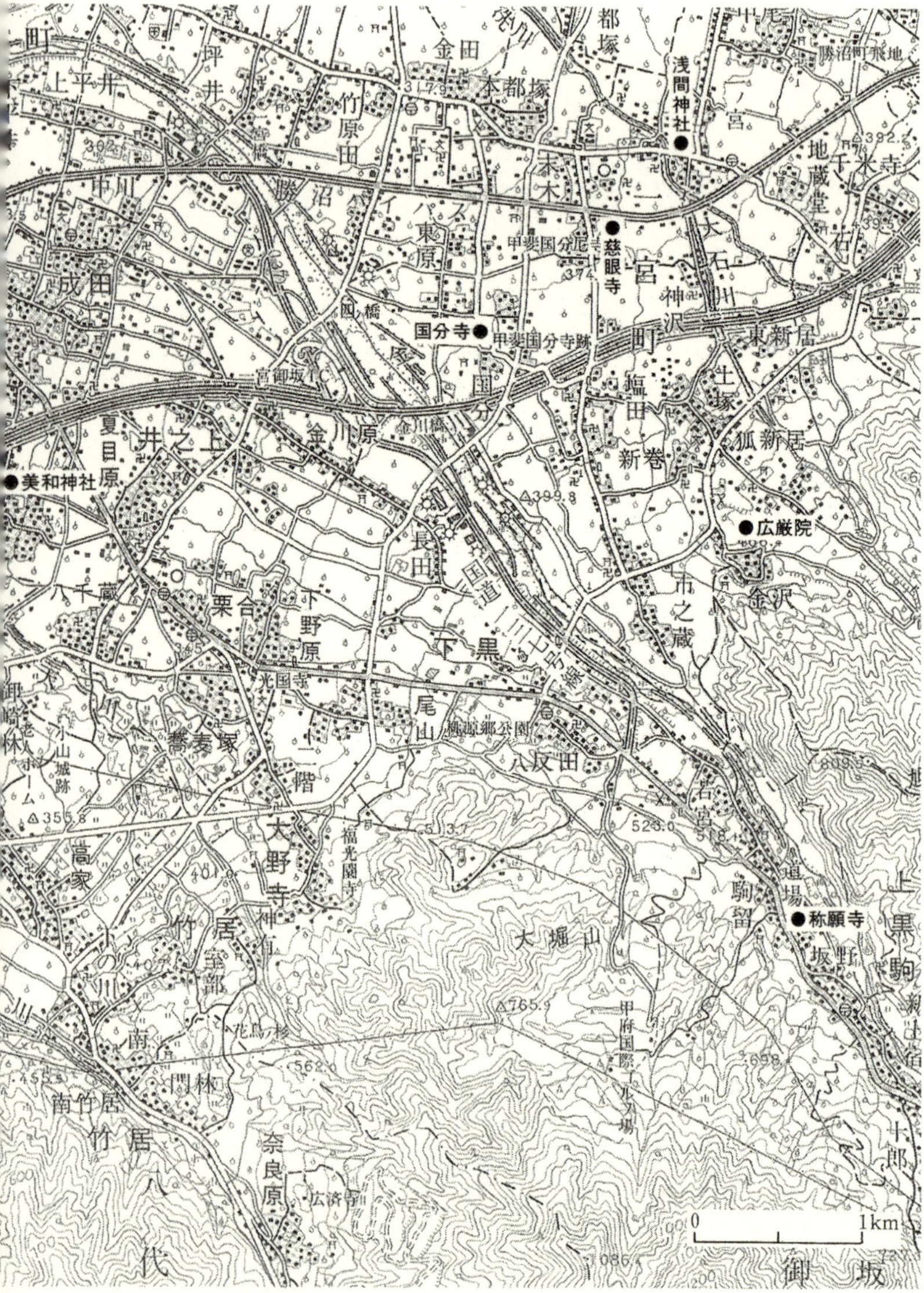

図86　鎌倉街道周辺の史跡

ートから御坂峠を越えて国中《くになか》まで攻め込まれることはなかった。信玄の代になると主戦場が信濃に移り、利用の記録は極端に減るが、街道沿いの関連社寺などは少なくない。

美和神社

御坂町二之宮にあって、甲斐国二宮《にのみや》である（図87）。信虎が万力《まんりき》（山梨市）に二貫文寄進したのは、当社が万力堤の川除《かわよけ》のため御幸を行なっていたためと推定されているが、これが武田氏との関係を示す最古の事例である。信玄が新国主となった直後の天文《てんぶん》十一年（一五四二）五月には社殿造営のため社領が寄進されているが、それでは経費が充分捻出できなかったためか、二十年に一間につき籾《もみ》五合の勧進を認められて屋根工事に着手、二十三年新社殿で護摩供《ごまく》を執行し、信濃侵攻の成功を祈願している。永禄《えいろく》三年（一五六〇）の番帳《ばんちょう》では府中八幡への勤番を免除された一社であるが、それとは別に弘治《こうじ》三年（一五五七）の社中条目では、二度の祭礼日と年始の三度は館へ出仕するよう命じられている。このうち春の祭りには一宮（浅間神社）・三宮（国玉神社）とともに竜王堤へ御幸《みゆき》しての川除神事を担当するなど重要な役割を担っていた。社殿造営は永禄八年にもなされており、このときには信玄の嫡子義信が三〇〇〇疋を奉納しているのをはじめ、松尾信是《のぶこれ》・下条信俊らの親族や加津野昌世・跡部昌忠・長坂勝繁以下の重臣の寄進者を列挙した造立帳《ぞうりゅうちょう》が現存する（図88）。特に、義信は同六年に沼津与太郎筆の三十六歌仙図（県文化財）を父信玄とともに当社に納めるなど、当社と義信との関係は深い。信玄の元服鎧《げんぷくよろい》と伝える朱札紅糸素懸威胴丸《あさざねべにいとすがけおどしどうまる》（同前）は、永禄九年十一月の文書に記録される「御前

図87　美　和　神　社

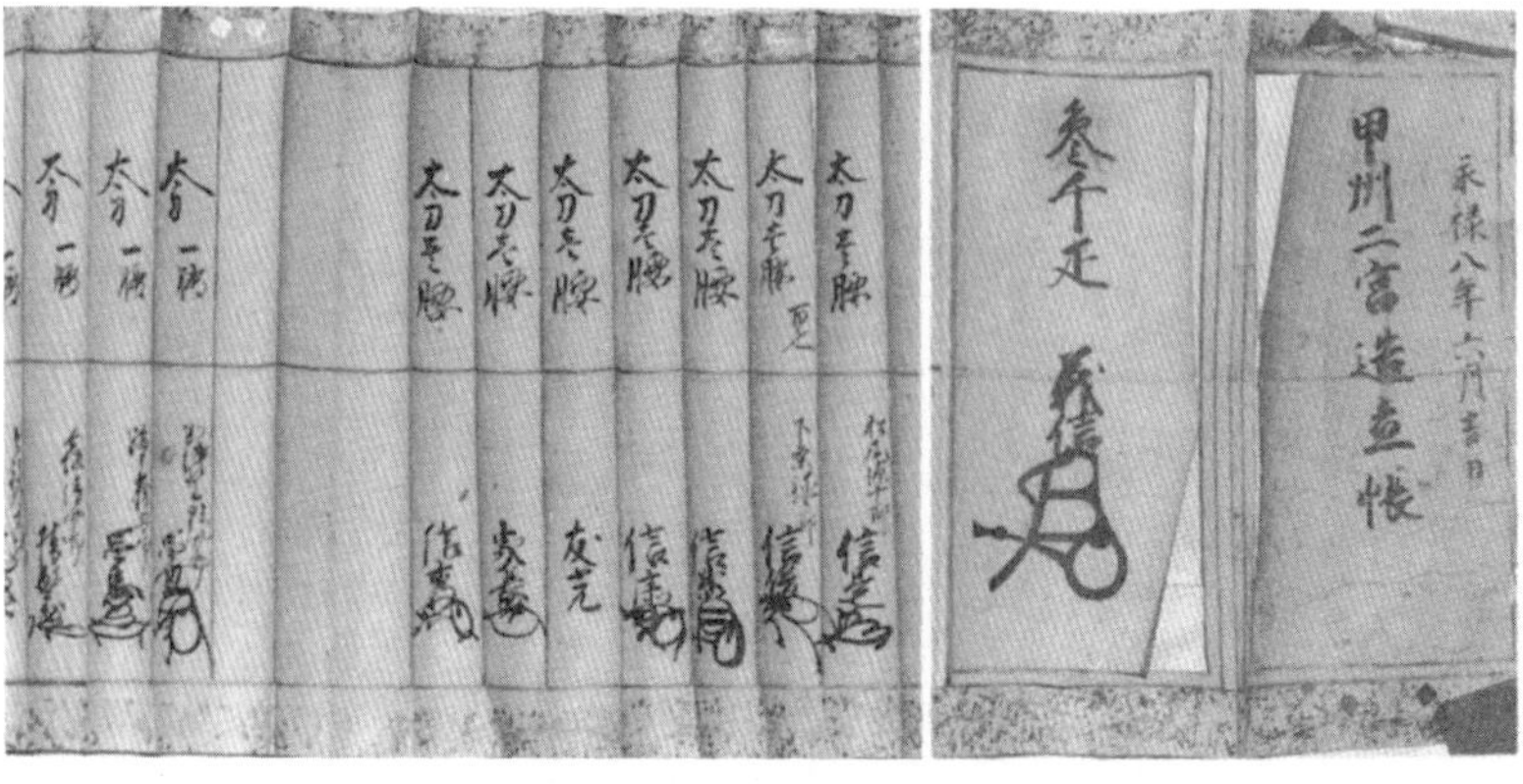

図88　『甲州二宮造立帳』（御坂町・美和神社所蔵）

様より御祈禱として御具足一領御社納」の具足に相当するもので、三条夫人（御前様）が息子義信の無事を祈って奉納した義信の元服鎧であろうと解するのが上野晴朗氏である。当時、義信は信玄と対立して東光寺に幽閉されていることから、状況的にはあり得る話であり、胴丸の形式も当世具足《とうせいぐそく》と呼ばれるその時代の特徴を示している。これ以外に、南北朝時代の白糸威褄取鎧《つまとりよろい》（県文化財）を蔵し、藤原時代初期の特徴をそなえる大物主神像は重要文化財である。

浅間神社

甲斐一宮《いちのみや》で、所在の地名も一宮（一宮町）という（図89）。貞観《じょうがん》六年（八六四）の富士山大噴火の鎮魂のため、翌年八代郡と山梨郡に浅間《あさま》明神が創建されるが、そのいずれかに相当すると考えられる。信玄との関係が知られるのは天文十九年（一五五〇）で、四月二十日後奈良天皇宸筆《しんぴつ》の般若心経（重要文化財・図90）が信玄の手をへて奉納されるとともに、閏《うるう》五月二十三日小笠原長時討滅を当社に祈願し、翌年成功報酬として二〇貫文の地を寄進している。また、弘治《こうじ》二年（一五五六）正月には「去丁未歳（天文十六年）宿願成就」として一〇貫文の地を寄進した。宿願の内容はわからないが、美和《みわ》神社にも同様な文書が残されているから、信玄にとってかなり重要な宿願であったことは確かである。前年四月ごろから閏十月まで謙信と戦い（第二回川中島の合戦）、結果的に埴科《はにしな》・小県《ちいさがた》の村上義清の旧領回復を諦めさせている。天文十七年二月には上田原で義清と戦い大敗するが、正月十八日には「信州の本意」を遂げれば恩賞を与えることを約束している（『高白斎記《こうはくさいき》』）。正月早々の意思表示と行動は、既に前年決意していたことを

図89 浅　間　神　社

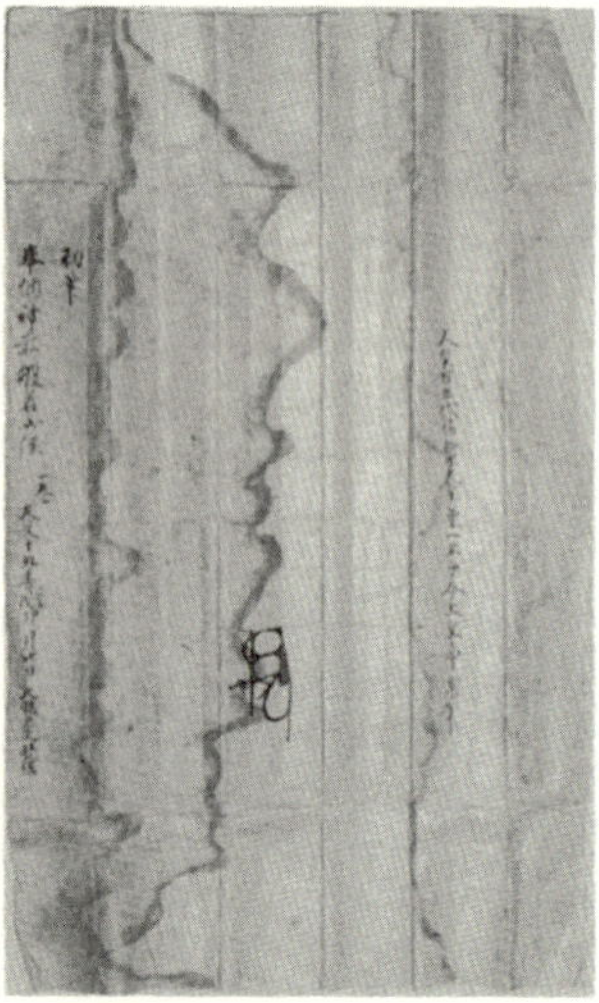

図90 武田信玄奉納の後奈良天皇宸筆般若心経の包紙（一宮町・浅間神社所蔵）

予測させる。十六年に宿願した信濃制圧（義清討滅）が、義清の旧領占拠を敵に認めさせることによって実現できたと考えたのではなかろうか。そのように考えれば、十九年の長時討伐を当社に祈願したのも一連の行為として納得がいく。国主就任当初から当社と信玄とは深く関係した様子が窺えよう。府中八幡への勤番免除と年三度の館出仕は美和神社の場合と同様であるが、永禄元年（一五五八）には信玄が願主となって社殿を再興し、同十二年には本殿屋根の葺替《ふきかえ》も実施された。二キロほど離れた東南の神山《かみやま》山中にある摂社《せっしゃ》山宮本殿はこの再興時の建物である（重要文化財）。当社四月の例祭の際行われる、竜王町の信玄堤まで渡御する川除祭《かわよけまつり》「おみゆきさん」は現在も春の代表的祭礼としてよく知られているが、かつては二宮・三宮も加わってなされた治水の大祭で、少なくとも戦国時代から行われてきたことは弘治三年の社中条目に「両度の祭礼の日並びに御幸《おみゆき》」とあることから知られる。平成十五年（二〇〇三）の祭礼には二宮・三宮も参加し、旧態が復活した。このほか、信玄奉納という国次銘の太刀《たち》（県文化財）、信玄和歌の短冊（町文化財）なども蔵する。

慈眼寺　一宮町末木にあり、新義真言宗。寺記によれば、信玄の加護厚く、五〇〇貫の寺領寄進・伽藍《がらん》造営を行い、特に永禄年間（一五五八～七〇）には境外に一〇間四方の薬師堂を建立して武運長久を祈る祈願所としたという。この寺伝を証する史料はないが、永禄十一年（一五六八）信玄が越後出陣を計画した際には当寺ほか一〇ヵ寺に戦勝を祈念させ、元《げん》

図91　慈眼寺庫裏

亀《き》二年（一五七二）には祈禱奉行を派遣して読経の厳修を命ずるなど、祈願所としての当寺の役割を伝えている。武田氏滅亡時に、高野山引導院へ納めるため、勝頼父子および夫人の寿像、信玄所持の宝剣・飯縄《いいづな》本尊・守《まもり》本尊《ほんぞん》毘《び》沙門《しゃもん》、勝頼の守本尊大勢至《だいせいし》菩薩《ぼさつ》、夫人の守本尊などの遺品を、黄金一〇両とともに当寺住職尊長が勝頼からゆだねられたのも、武田氏と深い関係にあったからであろう。

　堂宇は織田氏の兵火で焼失し、慶安《けいあん》三年（一六五〇）銘の梵鐘《ぼんしょう》を吊す鐘楼門をはじめ、本堂・庫裏《くり》も同時代の再建と推定され（いずれも重要文化財）、江戸時代初期の地方寺院の伽藍配置をよく示している。特に庫裏は平成八年（一九九六）に解体修理を終えたばかりで、春の桃の花の中に浮かぶ姿はなんとも美しい（図91）。また、星曼荼羅《まんだら》・刺繡法華経・梵書法帖（県文化財）など特異な仏具・仏書を蔵する。

国分寺　当寺は聖武《しょうむ》天皇の発願で諸国に建立された「金光明四天王護国之寺」の一つで、一宮町国分にある（図92）。鎌倉時代以降衰退したが、信玄が二三貫五〇〇文の地を寄進、快岳周悦《かいがくしゅうえつ》を迎えて臨済宗寺院として再興したという。寺蔵の天正《てんしょう》四年（一五七六）四月三日勝頼判物《はんもつ》によれば、信玄の寄進があったことを根拠に前記寺領を安堵している。

現在は江戸時代中期の再建の本堂・庫裏・鐘楼門で寺観をととのえるが、庫裏の南前方には一辺約二メートルもある巨大な心礎を中心に五重塔の礎石が残る（図93）。この塔跡も含め、国史跡に指定されているかつての国分寺は、一宮町によって発掘調査と整備が進められており、その規模は南北二五五メートル、東西二二〇メートルと推定されている。墓地内に七間四面の講堂、その南の本堂付近に同規模と推定される金堂があり、当時の参道だった今の楼門前の南北道路の途中に中門、南端に南門があった。金堂と中門を回廊が囲み、寺境は約二メートルの溝で区画されていたと考えられる。全容が明らかになっているわけではないが、塔跡などに天平時代の威容の一端を偲ぶことができる。北五〇〇メートルほどには尼寺跡（国史跡）もある。

広厳院　江戸時代には、大泉寺と並んで僧録司を務めた甲斐の曹洞宗《そうとうしゅう》を代表する寺院で、流末寺院は六九〇余におよんだという。寛正《かんしょう》年間（一四六〇〜六六）、雲岫宗《うんしゅうそう》

図92　国　　分　　寺

図93　国分寺五重塔跡に残る心礎

図94　広 厳 院 鐘 楼

竜《りゅう》を招じて塩田長者と呼ばれた古屋対馬守が創建したというが、当初から武田氏も深く関与しており、信昌《のぶまさ》・信縄《のぶつな》・信虎《のぶとら》ら歴代守護の寄進状・過所《かしょ》・禁制などを残す。信玄は、弘《こう》治《じ》二年（一五五六）祖母崇昌院殿《すうしょういんでん》（信縄妻）の菩提を弔うために一〇貫文の地を寄進し、中興開基に据えるとともに、彼女の法号を広《こう》厳院殿《ごんいんでん》に改めた。武田滅亡時の住職拈橋倀《ねんきょうちょう》因《いん》が、徳川家康の命により勝頼らの菩提供養のため景徳院を創建したことは前述した。

　山号は妙亀山《みょうきざん》だが、所在地（一宮町金沢）を甲斐四郡の真ん中にあるとして中山《ちゅうざん》と呼ぶところから、中山広厳院とも通称される。幕末には三二棟を数えた当寺の伽藍もその多くが失われたが、元禄《げんろく》十四年（一七〇一）建立の開山堂をはじめ、本堂・書院・鐘楼（図

94）などの江戸時代建築が今も小高い岡の上に建ち、三六点の中世文書や元禄年間（一六八八〜一七〇四）に発掘された嘉暦《かりやく》二年（一三二七）銘のある旧初狩妙台寺の梵鐘《ぼんしょう》（ともに県文化財）がかつての繁栄を伝えてくれる。

称願寺

当寺は古代水市駅のあったともいわれる交通の要衝《ようしょう》黒駒《くろこま》（御坂町）に位置し、創建も時宗《じしゅう》二世真教《しんきょう》が廻国途中の正応《しょうおう》五年（一二九二）に甲斐源氏の支族黒駒讃岐守の帰依《きえ》を得て開いたと伝え、中風に苦しんだという真教の表情をリアルに表現した坐像（重要文化財）が伝わる。文和《ぶんな》三年（一三五四）の八世渡船《とせん》も当寺に逗留しているから、歴代遊行《ゆぎょう》上人《しょうにん》の廻国時の立寄地として機能してきたと思われるが、具体的にはその後ほとんど史上に登場しない。武田氏との関係がわかるのは、享禄《きょうろく》二年（一五二九）に信虎が寺内での狼藉《ろうぜき》禁止と門前諸役を免許した判物《はんもつ》を与えたのが最初である。天文《てんぶん》二十二年（一五五三）、信玄が当寺も含め黒駒郷住人に伝馬役《てんまやく》を課したのは、やはり街道筋の要衝だったからであり、当時鎌倉街道に伝馬制が敷かれていたことがわかる。同日に寺に発給された禁制《きんぜい》では、伝馬役以外の諸役賦課、寺内狼藉・殺生、寺領山林での牛馬放牧・竹木伐採、棟別《むねべつ》滞納の禁止の権利が付与され、信玄の死直後の元亀《げんき》四年（一五七三）八月には勝頼から同様の禁制を与えられ、武田氏滅亡後の天正十四年（一五八六）に徳川家康が与えた朱印状もまったく同様の内容であった。また、当寺から約三・五キロほど上流の新田地区の国道下に走る旧道約一キロの区間には、石畳の道と甲州街道沿いの黒野田

（大月市）に至る近道の分岐点を示す道標や宝暦《ほうれき》十三年（一七六三）造立《ぞうりゅう》の「左小田原道」と刻された道標が残されており、手軽に古道の雰囲気を味わうことも可能である。

甲斐国内各地の信玄

逸　見

若神子宿

長泉寺に残る文安《ぶんあん》三年（一四四六）の板碑《いたび》（県文化財）に「若巫郷《わかみこ》」とあるのが史料的初見だが、逸見《へみ》道場と呼ばれる同寺が信濃国佐久郡伴野から入ってきた時宗《じしゅう》二世真教《しんきょう》によって開創されたのは、当地が佐久往還の要衝《ようしょう》に位置したからである。武田氏がここを信濃攻略の拠点としたのは、そうした地理的・歴史的条件によるところが大きい。侵攻は信虎《のぶとら》時代の享禄《きょうろく》年間（一五二八〜三二）ごろからはじまるが、当初めざしたのは諏訪であった。享禄元年（一五二八）の境川《さかいがわ》（長野県富士見町）の合戦、同四年河原部《かわらべ》（韮崎市）の合戦など攻防が展開されるが、今川氏と対戦中の天文《てんぶん》四年（一五三五）諏訪頼満と和睦、同九年頼満の子頼重に娘禰々《ねね》を嫁すなどしだいに関係を深め、佐久侵攻に方向を転じている。一日に三六城を落とす勢いであったが、翌年六月替って国主となった信玄はふたたび諏訪をターゲットにする。天文十一年九月十九日諏訪侵攻のため当地に宿営したと記録されるのをはじめとして、十二年九月十日当地から佐久郡に侵攻して長窪城（長野県長門町）攻略、十九年七月三日当地宿営後、村井城（同松本市）へ進軍、同年十一月十四日当地をへて海野口《うみのくち》（同佐久郡南牧村）まで進み、翌年六月一日・同七月二十五日・二十二年七月二十五日にも若神子《わかみこ》まで出陣して村上義清の動きに対抗するなどの記録を拾うことができる。

宿内の平賀源心《げんしん》の墓は、天文五年の信玄初戦の海野口城攻略戦で討ち取った猛将の首塚と伝え（図97）、正覚寺《しょうがくじ》や東漸寺《とうぜんじ》にも位牌が残るが、合戦や源心の実在には疑問が持たれており、現在のところ事実の反映とはどうも認められない。前述したような地理的条件から附会されたと考えられよう。ただ、要衝だったことは間違いなく、集落西の台地上には若神子城があり、須玉町によってふるさと公園として整備され、狼煙《のろし》台が復元されている（図98）。

新府城

若神子の南七里岩《しちりいわ》台地上にある。天正《てんしょう》三年（一五七五）五月二十一日、長篠《ながしの》の合戦で織田・徳川連合軍に敗れた武田氏は退勢を余儀なくされ、九年二月防備を固めるために新城の建設に着手した。工事は急ピッチで進められ、同年十二月二十四日勝頼は住み慣れた躑躅《つつじ》ヶ《が》崎館《さきやかた》を捨てて当城に移っている。ところが、翌年正月木曾義昌が織田信長に通じ、それを知った勝頼がみずから討伐軍を率いて諏訪上原城に入ると、義昌の救援要請を受けた信長が出兵を決意して事態は急速に動いた。二月十二日信長の嫡子信忠は岐阜を出立、清内路《せいないじ》峠

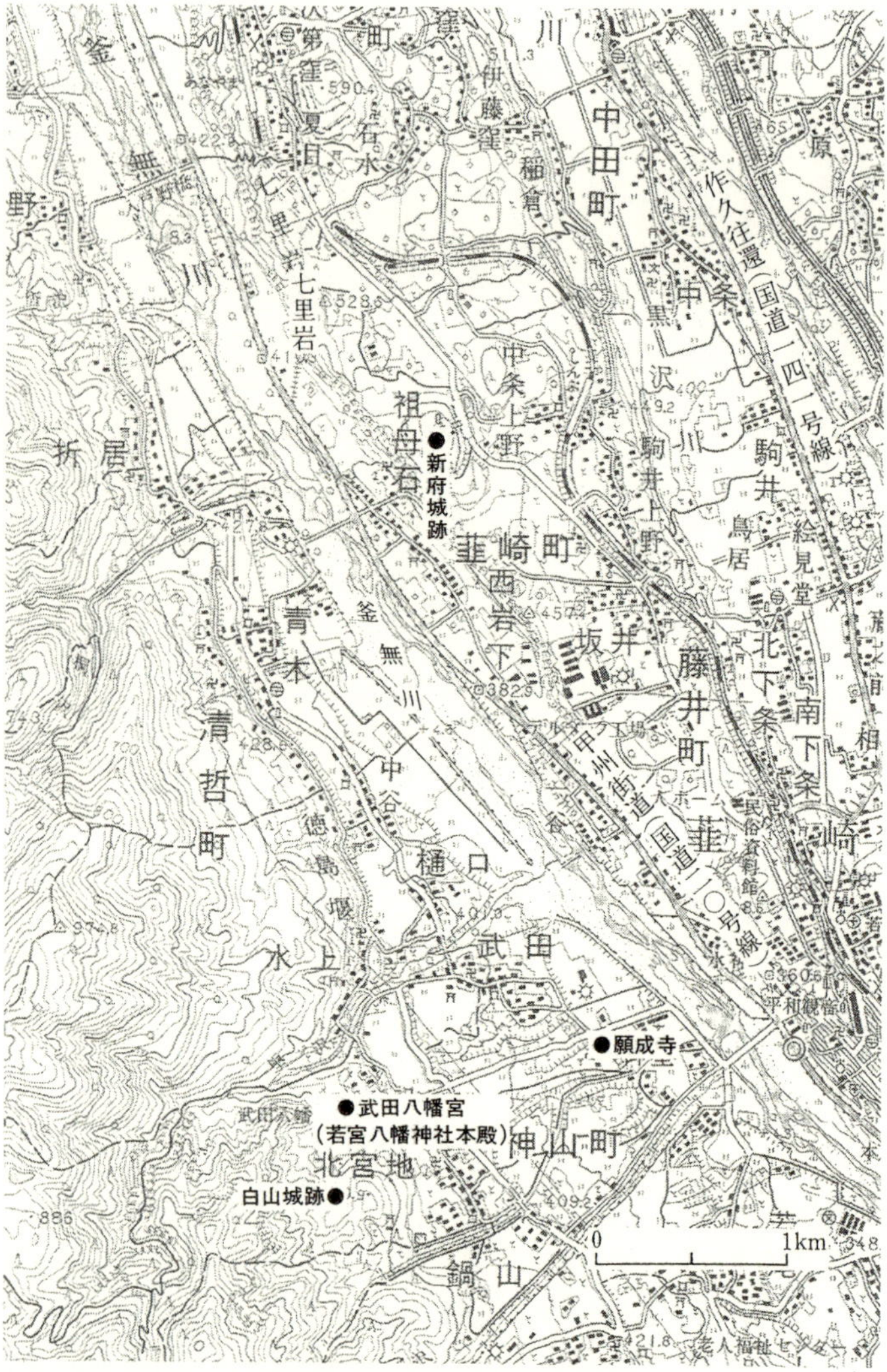
●新府城跡
●願成寺
●武田八幡宮
(若宮八幡神社本殿)
白山城跡●
0
1km
釜無川
中田町
韮崎町
藤井町
清哲町
神山町
北宮地
武田
鍋山
作久往還(国道一四一号線)
甲州街道(国道二〇号線)

図95　逸見周辺の史跡

図96　現在の若神子集落

図97　平 賀 源 心 の 墓

図98　若神子城跡に復元された狼煙台

（下伊那郡清内路村）を越えて信濃伊那郡に侵入すると、十四日飯田城（飯田市）、十七日大島城（下伊那郡松川町）、三月二日高遠城（上伊那郡高遠町）と武田氏の防衛拠点はそれぞれ一日持たずにつぎつぎと落城していく。当城にもどっていた勝頼は、三月三日やむなく城を捨てて岩殿《いわとの》城に向かった。わずか在城七〇日であった。同年六月にはじまる壬午《じんご》の乱のときには徳川家康側が拠点とし、若神子に陣を構えた北条氏とにらみ合うが、それも三ヵ月ほどで、乱の終息とともに廃城になったとみられる。城としての存続期間は一年にも満たない、非常に短命の城であった。それだけに残された遺構は天正九・十年のものと特定できるわけで、その意味でもきわめて貴重である（国史跡・図99）。

　標高五二二メートルの城山山頂部に本丸を設けた当城山裾を南北方向に走る県道から、山頂に向かう長い石段を登ると東西九〇メートル、南北一二〇メートルの本丸に至る。登り切ったところの右手に藤武《ふじたけ》神社があり、一段上ると本丸で、周囲にめぐらす土塁が明瞭に確認できる。本丸の西に二の丸、南に三の丸があり、その東に大手口があった。本丸の南西隅には指定以前に造設された道が口を開く。ここはかつての虎口《こぐち》（出入口）の一つで、その両側に高く長い土塁が敷設されているのは、「蔀《しとみ》の構え」と呼ばれ、攻め込んだ敵が内部の様子を容易に窺うことができないようにする防衛施設だという。道は現在は遊歩道的に利用されている。山裾の北西隅が搦手口《からめてぐち》といわれるが、それにつづく北側には水堀が残っており、城側から堀の中に突き出る「出構《でがまえ》」と呼ばれる方形の土塁が

図99　新　府　城　跡（城山）

二ヵ所に設けられている（西が幅二五×長さ三五×高さ三メートル、東が幅三〇×長さ三五×高さ五メートル）。設置の目的は、攻城兵に対する鉄砲陣地・堀への貯水用の水門・虎口などの諸説が提示されているがはっきりしない。しかし、当城特有の施設であることは確かで、ぜひ見逃さないでほしい。地元韮崎市によって公有化が進められ、発掘調査が緒についたところで、今後の成果が大いに期待できる。

武田八幡宮　七里岩を降り、釜無川《かまなしがわ》を渡った先の韮崎市神山町北宮地にある。弘仁《こうにん》十三年（八二二）宇佐八幡《うさはちまん》を勧請《かんじょう》したとも伝える当社は、平安時代末期、武田氏の祖信義が氏神として尊崇したのをはじめとして、代々同氏の庇護を受けた。建長《けんちょう》六年（一二五四）書写銘のある一条信長奉納の大般若経、信玄奉納の大薙刀《おおなぎなた》など別当寺法善寺に移され、伝存しているものも少なくない。現本殿は天文十年（一五四一）十二月の完成で（重要文化財・図100）、六月に国主の座に就いた信玄の最初の仕事といわれるが、部材の墨書から少なくとも同四年には工事がはじまっていたことがわかるから、着手したのは信虎時代のことである。永禄《えいろく》三年（一五六〇）の府中八幡神社への勤番は、一宮浅間神社などほかの九社とともに免除され、特別な扱いを受けていた。天正十年二月十九日、勝頼の妻北条夫人が当社に夫の武運長久を祈る願文《がんもん》（県文化財）を納めたのも、氏神としての当社の立場を反映しているといえよう。

参道途中にある二の鳥居（県文化財）をくぐって西進すると天正十二年修補銘を持つ石鳥居（同前・図101）に至るが、その右手には一石に観音一〇〇体を刻んだ珍しい近世の石造物もある（市文化財）。さらに随身門《ずいじんもん》、神楽殿《かぐらでん》、拝殿をへて三間社流造《ながれづくり》の本殿に達するが、その脇に末社若宮八幡神社本殿（県文化財）の小祠が建つ。これらの建物群が森厳《しんげん》な樹叢《じゅそう》（市文化財）の中にたたずみ、古社としての雰囲気を伝えるとともに、境内からの甲府盆地の眺望は見応えがある。

隣接する武田は武田氏の名字の地といわれてきたが、本来の発祥地は常陸国武田郷（茨城県ひたちなか市）で、同地で事件を起こした源義清・清光父子が、流罪となって甲斐に入国したのが甲斐源氏のはじまりとする志田諄一説が現在の通説である。ただ、清光の子信義がこの地に拠ったことには異論はなく、周辺には信義館跡の伝承地（市史跡）があるほか、彼を開基とする願成《がんじょう》

図100　武田八幡宮本殿（天文10年12月完成）

図101　武田八幡宮石鳥居（天正12年修補銘）・随身門

図102　白山城跡（鍋山）

寺には信義の墓と伝える大きな五輪塔（市文化財）や彼が勧請したという藤原時代の阿弥陀三尊（重要文化財）が残されるなど、当社を含めその足跡は多い。

白山城跡

武田八幡宮石鳥居前の道を左手にとり、三〇分ほど山道を登ると鍋山《なべやま》山頂に至る。ここが国史跡白山《はくさん》城跡で（図102）、城名は山腹に白山神社が所在するからである。この城も信義の詰めの城との伝承を持っているが、その形態的特徴から戦国時代以降の遺構とみられ、武《む》川《かわ》衆《しゅう》である青木氏もしくは山寺氏の守衛した城との見方が強い。武川衆は、釜無川（富士川）右岸に割拠し、信濃国境の警備などに従事した同族武士団で、構成する氏族は馬場（教来《きょうら》石《いし》）・宮脇・横手・柳沢・青木・山寺氏など、武川筋の地名を冠する。江戸時代、将軍徳川綱吉のもとで老中になった柳沢吉保《やなぎさわよしやす》はその一族である。

四周に土塁をめぐらせた主郭を中心にいくつかの郭が配され、堀切・竪堀《たてぼり》・虎口などの遺構を典型的に残し、小規模ながら山城としての特徴をよく備えている。

中郡・西郡

信玄堤と将棋頭

釜無《かまなし》川《がわ》と御勅使《みだい》川《がわ》の合流点に造られた堤防は信玄《しんげん》堤《つづみ》の名で知られ、彼の代表的施策の一つに数えられる。彼の発案で新設されたという根拠はないが、彼の時代に手が加えられたのは確かである。周囲を山に囲まれて急流の多い甲斐では、治水は施政上の大きな課題で、『延喜式《えんぎしき》』にも堤防料二万束が計上されているほどであった。特に、釜無川の竜王《りゅうおう》、笛吹川の万力《まんりき》・近津《ちかづ》は三大難所と呼ばれ、絶えず水難の危険にさらされてきた。ことに釜無川は竜王付近で大きく三流路に分かれて笛吹川方向に向かい、東流路（敷島町の南部で荒川と合流し、甲府市上・中・下小河原付近をへて同落合で合流）・中央流路（竜王町篠原・西八幡付近から東南に流れ、乙黒付近で合流したほぼ鎌田川流域を流れた流路）・西流路（西八幡の南から田富町山之神・臼井《うすい》阿原《あわら》をへて同馬籠付近で合流）を中心に盆地南部を乱流したという。当初の竜王堤は長さ三五〇間（約六三〇メートル）、幅八間（約一四・四メートル）で、上に竹を植えて保護するとともに、その前面に四五〇間の石積堤を築いて本堤への衝撃を和らげた。これが高岩の下から現在の信玄橋までの区間に相当し、東流路を断ち切るのに成功した。この工事は、単に築堤のみではなく、御勅使川左岸上流部に石積出しを敷設して流路を北に押し上げたうえ、途中に将棋頭《しょうぎがしら》と呼ばれる尖頭《せんとう》形の石積堤で分流して集落と耕地を守り、合流点手前の主流には十六石と呼ばれる一六個の巨石を沈めてさらに水勢を弱めるという、総合的な治水策だったところに特徴があるとされる。

一般的には天文《てんぶん》十一年（一五四二）に着手され、弘治《こうじ》三年（一五五七）には完成したという。その根拠は明確ではないが、永禄《えいろく》三年（一五六〇）八月二日棟別役免除《むなべつやくめんじょ》を条件に竜王への移住を督励する朱印状が発せられており（図103）、八年には移住者五〇軒に対し春の棟別免許がなされているから、遅くもそのころまでには堤も完成していたとみられる。その後も何回か破堤しているが、堤の川除《かわよけ》（水防）を目的に作られた竜王（竜王河原宿）の住人をはじめ、下流添い諸村の住民の努力によって守られた。石積堤が七〇〇間下流へ延長されるのは天正《てんしょう》十一年（一五八三）のことで、これによって中央流路が廃され、享保《きょうほう》十三年（一七二八）にはじまる連続堤の建設によって西流路も締め切られて現河道への固定化がなされ、さらに堤外の開発が進むのである。近津や万力にも信玄が堤防を造ったとされ、釜無川流域の昭和町・田富町、荒川流域にも別に信玄堤の呼ばれるところは何ヵ所か残るが、単に「信玄堤」といった場合には竜王堤を指す。なお、

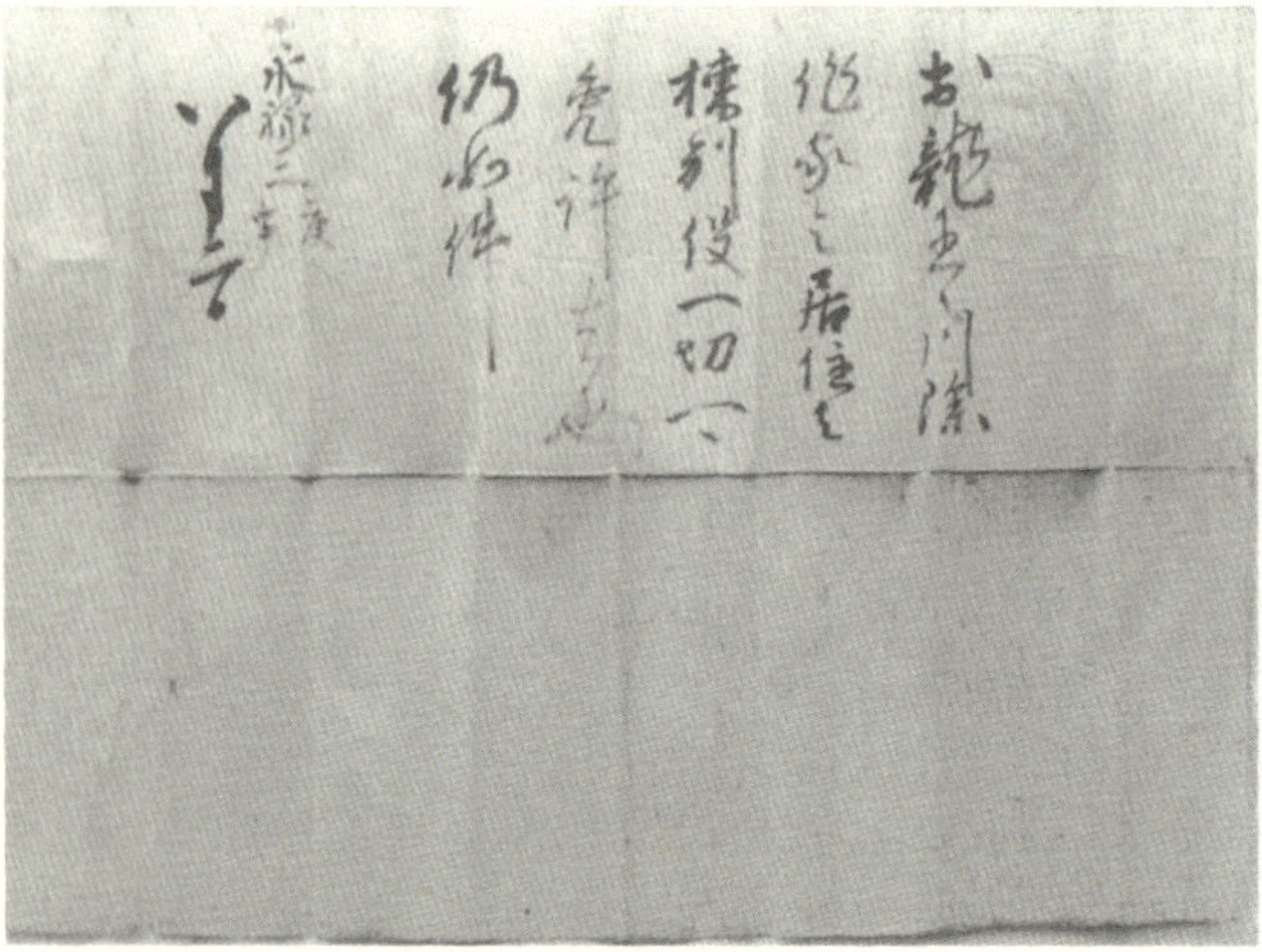

図103　永禄３年８月２日武田氏朱印状（竜王への居住者に棟別役免除を認めたもの。竜王町・保坂達所蔵）

南アルプス市駒場《こまば》に残る三本の石積出し（図105）、同有野の将棋頭および左岸側の韮崎市竜岡町下条《しもじょう》南割《みなみわり》の将棋頭は御勅使川旧堤防遺跡として国史跡であり、川除に関する五点の武田氏発給文書（『保坂家文書』、県文化財）も今に伝えられる。

法善寺

南アルプス市加賀美にある真言宗寺院で、高野山を本山とする。系図では武田信義の弟に当たる加賀美遠光の菩提を弔《とむら》うために、孫遠経が再興したといい、寺地は遠光の館跡と伝える（町史跡）。武田氏の氏神武田八幡宮の別当寺《べっとうじ》を務めるなど同氏とも深い関係にあった。永禄十一年三月信玄の越後侵攻の成功祈願をほかの有力寺院とともに命ぜられ、翌年十一月子院福寿院が法華経読誦《どくじゅ》の功で棟別役免許、さらに元亀《げんき》三年（一五七二）四月、同じく福寿院・普門院が、上杉謙信の信濃・上野への侵攻に妨害されることなく信玄の本意（西上）が達成できるよう祈願を命ぜられるなど、武田氏の祈願所としての役割を担っていた様子が窺われる。

　信玄奉納の和歌一〇〇首と十王冥府唐画《めいふからが》一三幅、永禄年間（一五五八～七〇）の寺領検地帳などは明治四年（一八七一）の宝蔵火災によって失われたが、かつての武田八幡宮所蔵の大般若経（重要文化財）、十六善神像・板絵僧形八幡神像・八幡神本地仏鏡像・大薙刀《おおなぎなた》（県文化財）を蔵するほか、梵鐘《ぼんしょう》・聖教《しょうぎょう》七六九点・金光明最勝王経《こんこうみょうさいしょうおうきょう》一〇巻・版本大毘盧遮那経疏《だいびるしゃなきょうそ》一六巻（同前）など、今なお多くの寺宝を有する。また、ほぼ方形の境内の西と南には今も水路をめぐらして館跡としての雰囲気を伝えるとともに、残存する中世建築は鐘楼のみだが（県文化財・図106）、桁行《けたゆき》一六間・梁間《はりま》六間半（三四三平方メートル）の本堂兼庫裏《くり》（客殿）、七間×三間（一七九平方メートル）の御影堂《みえいどう》、二天門など江戸期の大きな建物が建ち並び、かつての隆盛をしのぶことができる。

古長禅寺

　南アルプス市鮎沢にある臨済宗《りんざいしゅう》寺院。この地はかつて大井荘があった地域で、戦国時代には西郡《にしごおり》の雄族大井信達《のぶさと》が制していた。永正《えいしょう》十二年（一五一五）十月十七日国内統一を進める信虎は、信達の居城（同市上野にあったというが、異説もある）を攻めたときには馬が深田に脚をとられたところを逆襲されて大敗した。両者の抗争は十四年までつづくが、信達を支援する駿河の今川氏親が信虎と講和したのにともない、信達も和を結ぶ。信玄の母

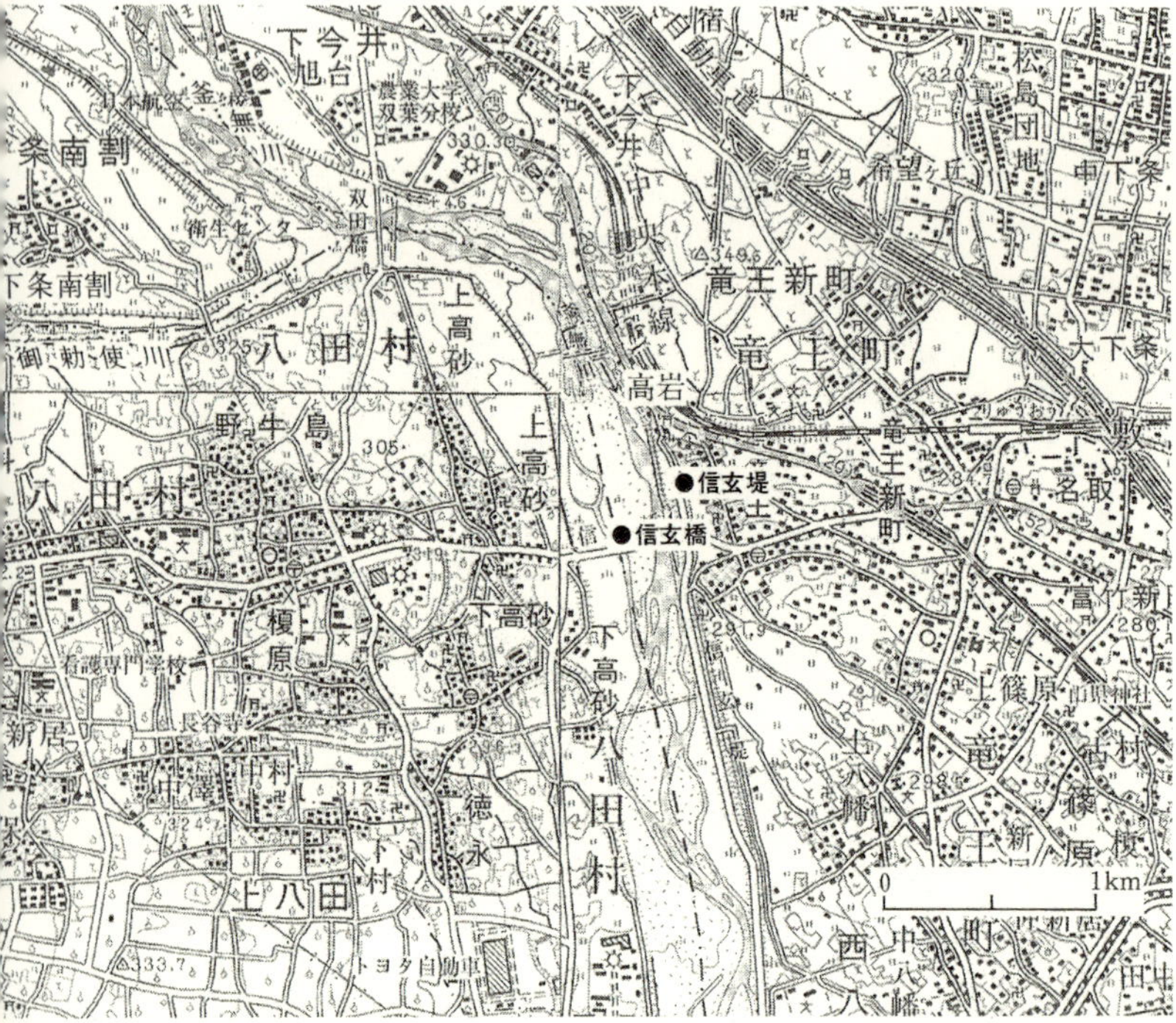
●信玄堤
●信玄橋
下今井
旭台
農業大学
双葉分校
釜無川
条南割
下条南割
衛生センター
双田橋
竜王新町
竜王町
高岩
上高砂
下高砂
八田村
野牛島
榎原
看護専門学校
長谷寺
新居
中村
徳永
下村
上八田
トヨタ自動車
松島団地
希望ヶ丘
大下条
名取
富竹新田
上篠原
古村
篠原
竜王新町
中八幡
0
1km

郡周辺の史跡

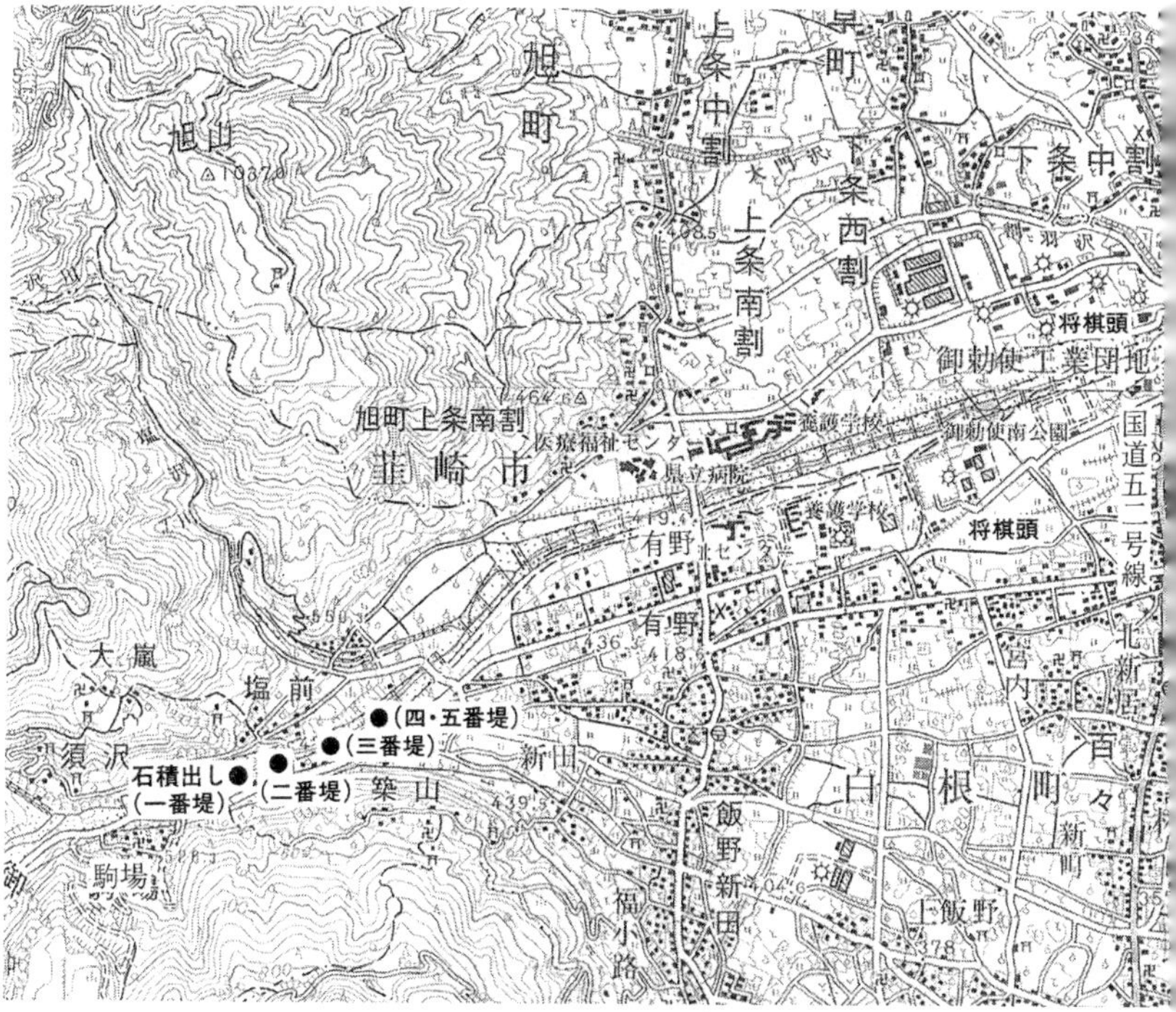
旭山
旭町
上条中割
下条西割
上条南割
下条中割
将棋頭
御勅使工業団地
旭町上条南割
医療福祉センター
養護学校
御勅使南公園
韮崎市
県立病院
国道五二号線
将棋頭
有野
有野
北新居
大嵐
塩前
●(四・五番堤)
●(三番堤)
須沢
石積出し●
(一番堤)
●
(二番堤)
築山
新田
白根町
百々
新町
飯野新田
駒場
福小路
上飯野

図104　中　郡　・　西

図105　石　積　出　し（二番堤）

図106　法 善 寺 鐘 楼

図107　大井夫人の墓

図108　ビャクシンの巨樹（伝夢窓疏石手植え）

大井夫人となる信達の娘が信虎のもとへ嫁したのはこのときというが、信玄の生年は大永《だいえい》元年（一五二一）、後に今川義元夫人となる姉は永正十六年だからつじつまは合う。当寺は正和《しょうわ》五年（一三一六）夢窓疎石《むそうそせき》が開山となって真言宗寺院を再興したものだが、大井夫人は住職岐秀元伯《ぎしゅうげんぱく》に深く帰依《きえ》し、幼時の信玄も学問の師として甲府から通ったといい、天文二十一年（一五五二）母没後は甲府に長禅寺を創建して岐秀を迎えてその菩提を弔うとともに、当寺の寺名を改めて古《こ》長禅寺《ちょうぜんじ》と称するようになった。信玄の法号も岐秀が授与したと伝えられる。

大正十三年（一九二四）の火災で伽藍は焼失したが、境内は県史跡で、本堂背後に大井夫人の墓（図107）があり、夢窓が四天王をかたどって手植えしたと伝える四本のビャクシンの巨樹（国天然記念物・図108）や開山像（重要文化財）が今も残される。

河　内

穴山氏と武田氏

河内《かわうち》を支配した穴山《あなやま》氏は、南北朝時代に分かれた武田支族である。領主への成長過程は不明だが、十五世紀後半には河内地方を制していたとみられる。永正《えいしょう》元年（一五〇四）、穴山信懸《のぶとお》は「当国主（武田信縄）之伯父」と呼ばれ、妹が信昌《のぶまさ》に嫁していたものと思われるから、彼の代にはすでに武田氏との関係ができていたことがわかる。信懸は同十年息子清五郎に討たれるが、跡を継いだ信友は信虎《のぶとら》の次女（南松院殿《なんしょういんでん》）を娶《めと》り、その子信君（梅雪斎不白《ばいせっさいふはく》）も信玄の次女（見性院殿《けんしょういんでん》）と結婚するなど武田氏との深い婚姻関係はその後もつづき、武田家臣団の中で親族衆の筆頭として重きをなした。したがって、そうした関係を通じて関連遺跡も少なくない。

図109　現在の下部温泉

下部温泉と中山金山

当温泉は「信玄の隠し湯」と呼ばれるものの一つで、負傷兵の療養に利用されたと伝えるが、それを証する史料はない。ただ、古くから存在が知られていたことは確かで、建治《けんじ》四年（一二七八）身延山参拝にかこつけて、「しもへ《（下部）》のゆ《（湯）》」を楽しみにきた信者を追い返した旨を報じた日蓮の手紙が残る。また、天正《てんしょう》六年（一五七八）七月二十日暴風雨により流出した湯屋の再建を穴山信君《のぶきみ》が命じたのは、温泉の維持に領主が関与していたことを示すもので、医療体制が不充分だった当時、傷病の回復に湯治が重要な役割を担っていたことの反映であろう。南北朝時代には、向嶽寺《こうがくじ》の開山抜《ばっ》隊得勝《すいとくしょう》も当地で療養している。

温泉街（図109）を抜けて車で一五分ほどで湯之奥《ゆのおく》集落に着く。ここに江戸時代中期の門西《もんざい》家住宅がある（重要文化財）。中世佐野を称した門西氏は、穴山氏から山林経営を任されて同氏の発給文書を蔵するが、近世に入ると金山《きんざん》経営にも関与したようで、金の精錬道具であるフネやセリ板が伝存する。さらに林道を進むと途中に中山金山（国史跡）登り口がある。健脚であれば現場まで一時間とはかからない。湯之奥金山とは、毛無《けなし》山山腹にある中山・内山・茅小屋《かやごや》の三金山の総称であるが、このうちの中山金山は平成元〜三年（一九八九〜九一）に発掘調査され、出土品などは温泉地入口の下部川対岸にある町営の湯之奥金山資料館に展示されている。甲州金山の全容を知ることができるが、現場へ向かう場合にも資料館で情報を得ていくのが望ましいであろう。なお、温泉・金山とも武田氏の直接的関与を示す史料はない。

南松院

所在する下山（身延町）は、信友が南部（南部町）から移って館を構えた穴山氏の本拠である。残念ながら館の遺構はほとんど残らないが、当寺は信君が永禄《えいろく》九年（一五六六）に亡くなった母の菩提所として創建した臨済宗寺院である。母南松院殿は信玄の姉であった。いつ信友に嫁したか明らかではないが、天文《てんぶん》十年（一五四一）には信君を生んでいる。夫人は、信玄の招請に応じて恵林寺《えりんじ》に一年ほど住山した策彦周良《さくげんしゅうりょう》が、弘治《こうじ》三年（一五五七）に帰洛する途中河内《かわうち》路を通って下山に立ち寄ったのを幸い、請うて葵庵理誠《きあんりせい》の法号を与えられるなど（葵庵法号記は県文化財、図111）、信仰心が非常に篤かったという。信君が当寺に納めた夫人の画像（同前）に着賛した天桂玄長《てんけいげんちょう》も天文二十一〜二十三年ごろ恵林寺住職だった。天正三年（一五七五）長禅寺住職春国光新《しゅんこくこうしん》から春渓、同八年恵林寺住職快川紹喜《かいせんじょうき》から蘭渓《らんけい》の法号を与えられた法号記が残るが（蘭渓は県文化財）、いずれも南松院殿に近い穴山氏一族の女性と考えられる

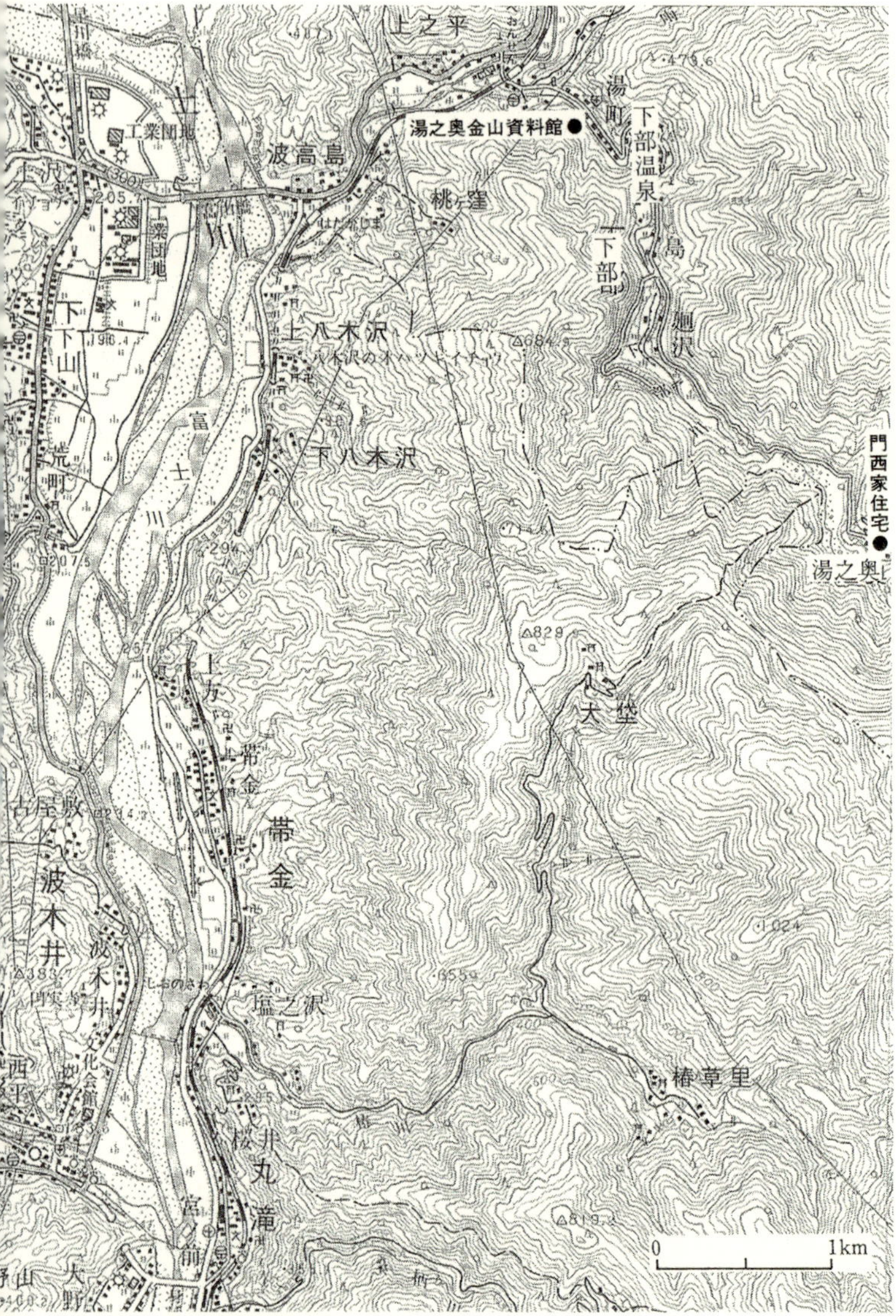
湯之奥金山資料館
門西家住宅
上之平
湯町
下部温泉
波高島
桃ヶ窪
下部
島
上八木沢
下八木沢
廻沢
湯之奥
富士川
大垈
帯金
古屋敷
波木井
塩之沢
椿草里
桜井
丸滝
宮前
下山
荒町
0　1km

河内周辺の史跡

（蘭渓を勝頼室北条夫人に充てる説もある）。開山桃隠和尚画像には春国、渡《と》唐天神像《とうてんじんぞう》には策彦が着賛するなど（ともに県文化財）、国中地域の僧との交流を伝える史料が多い。このほか、信友が修補して天輪寺《てんりんじ》（廃寺、下山にあった）に納めた大般若経、夫人愛用の版本法華経、三七点の中世文書（いずれも県文化財）などを蔵する。伽藍は慶応二年（一八六六）の火災で往時の姿はないが、本堂背後の墓地には元禄《げんろく》十一年（一六九八）造立の夫人および穴山氏歴代の供養塔が残る（図112）。

久遠寺

日蓮宗総本山で、山号は身延山。文永《ぶんえい》十一年（一二七四）日蓮が草庵を構えたのにはじまり、十一世日朝が伽藍を現在地に移してから大いに発展したという。身延に門前町がいつごろから形成されはじめたのかわからないが、日蓮時代から一〇〇人を超える

図110

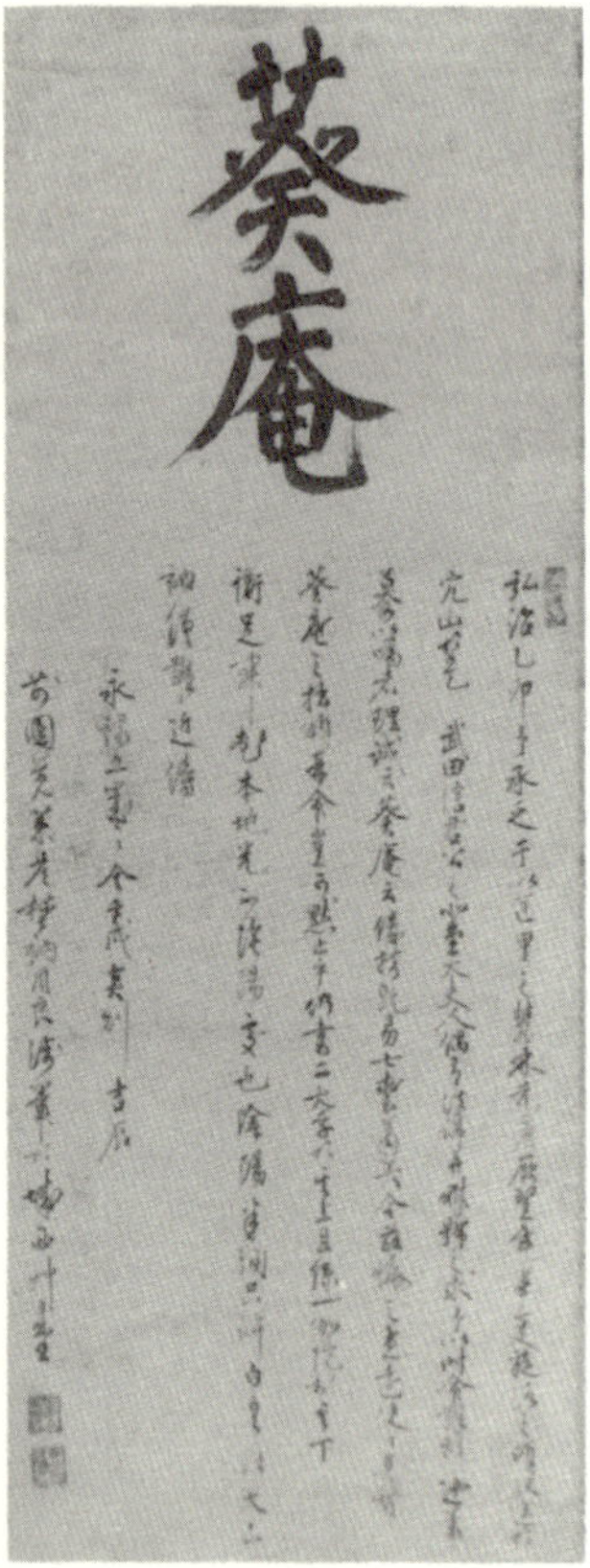

図111　葵庵法号記
（身延町・南松院所蔵）

図112　穴山氏歴代の供養塔

僧侶が山中で生活し、信者の参拝も多かったというから、弘安《こうあん》五年（一二八二）の日蓮の身延出立が「身延沢宿」からだったという記録は、意外と町場の成立が早かったことを示しているのかも知れない。信玄は永禄《えいろく》元年十二月十五日当寺の山内および町中での七ヵ条の禁制《きんぜい》を発し、天文十九年自署を加えた法華経を奉納しているが（県文化財）、日蓮の命日である十月十三日の法要「お会式《えしき》」に集まる信者に対しても関銭《せきせん》免除などの優遇措置を採っていた。織田信長の比叡山焼討ち後の元亀《げんき》三年（一五七二）正月二十一日、信玄は身延山を他に移してこの地に延暦寺再興計画を寺に伝えて協力を求めたものの、全山の反対によってあきらめたという『甲陽軍鑑《こうようぐんかん》』の記事は、同年九月十一日の当山宛て書状で、四月の長尾輝虎《てるとら》（上杉謙信）撤退は久遠《くおんじ》寺の祈禱のおかげと謝意を述べ、「当家擁護之霊場、万世不遷移之仏跡」とわざわざ移転しないことにふれていることからすると、再興計画はある程度事実を伝えているとも思える。

国道五二号から分かれて身延川右岸を進む参道を一・三キロほど遡り、土産物屋などの並ぶ門前町を抜けると、二三間×七間の巨大な三門に行き着く（図113）。左に道をとれば西谷《にしだに》で、日蓮の草庵跡（県史跡・図114）に至る。正面の石段二八七段を登れば、本堂・祖師堂・仏殿・客殿などの大建築が迫ってくるが、この付近は明治八年（一八七五）の火災で堂宇のほとんどを失っており、これらの建物はその後の再建になるものである。山頂の奥之院にはロープウェイでも行けるが、本堂裏手には西谷から登ってきた参道があり、山頂に至るまでの途中には慶長《けいちょう》三年（一五

図113　久 遠 寺 三 門

図114　久遠寺境内の日蓮草庵跡

九八）造立《ぞうりゅう》の八幡神社本殿（県文化財）、寛文《かんぶん》二年（一六六二）の鬼子母神堂《きしぼじん》（町文化財）、寛永《かんえい》二十年（一六四三）の丈六堂《じょうろく》（同前）など、焼失を免れた古建築があって眼を楽しませてくれる。夏景山水図《かけいさんすいず》（国宝）をはじめ、釈迦八相図・『宋版礼記正義《そうばんらいきせいぎ》』『本朝文粋《ほんちょうもんずい》』（以上、重要文化財）、梵鐘《ぼんしょう》・朝鮮鐘・刺繡十六羅漢像・『弘決外典鈔《ぐけつげてんしょう》』（以上、県文化財）など寄進を受けた多くの文化財を有するが、寺宝の一部は本堂の下に設けられた宝物館で拝観することができる。

郡内

小山田氏と武田氏

郡内《ぐんない》領主小山田氏の出自は平氏で、武蔵国小山田荘（東京都町田市）を本拠とした。甲斐への入国は鎌倉時代初期というが、具体的足跡はわからない。姿を見せるのは十五世紀になってからで、武田信満《のぶみつ》は小山田弥二郎の娘を妻とし、信重・信長らをもうけている。このころには守護武田家と婚姻を結ぶほどに成長していたのである。永《えい》正《しょう》五年（一五〇八）十月、小山田氏は信虎《のぶとら》・信恵《のぶよし》の争いに連動して国中に攻め込み、大敗して弥太郎らが戦死、翌年には逆に信虎が河口・吉田方面に侵攻するなど激戦を展開したが、同七年和睦が成立した。信虎の妹が小山田越中守信有に嫁したのは、このときだという。中津森館（都留市）に信虎を迎えたのは同十八年のことだが、享禄《きょうろく》五年（一五三二）谷村（同前）に居館を移している。天文《てんぶん》二十三年（一五五四）北条氏政に嫁ぐ信玄の娘（黄梅院殿《おうばいいんでん》）一行を小田原まで送り届けた指揮官弥三郎信有《のぶあり》（後に信茂《のぶしげ》を名乗ったというが、最近は信有と信茂は兄弟で別人とする説がある）は越中守の孫である。

岩殿城

大月市街の北、桂川左岸の急崖上に巨大な岩肌をさらすのが岩殿山《いわとのさん》である。山頂部（約六三四メートル）を中心に城が造られた（図116）。国中《くになか》と武蔵とを結ぶ甲州街道を眼下に扼《やく》し、また、吉田方面への分岐点でもある交通の要衝《ようしょう》に位置する当城は、その地形の峻険さとともにまさに要害と呼ぶにふさわしい。駿河の久能《くのう》城・上野《こうずけ》の吾妻《あがつま》城と並ぶ天下の三名城と呼ばれる難攻不落の城と評された（『甲陽軍鑑』）。当城の性格については、小山田氏の拠点とする説と武田氏の郡内への拠点とする説があり、天正《てんしょう》九年（一五八一）に、落合（南アルプス市）・大師（同）・小笠原（同）など国中を在所とする荻原《おぎはら》豊前守の被官一〇人が、当城在番と城普請《しろぶしん》を務めた功により郷次の普請役を免除された武田氏朱印状が残るのは、当城経営に武田氏が直接関与したことを示すものとして注目されている。ただ、天文十六年の志賀城（長野県佐久市）攻めの功で城主の妻を与えられた出羽守信有が彼女を山麓の駒橋《こまはし》に囲い、また、十七年に領内三六社に奉納した太刀《たち》を打った相州鍛冶《かじ》元近も同地に住して作刀するなど、この地域には小山田氏のなんらかの拠点もあったと思われる。岩殿山は城建設以前は修験の霊地であったが、山腹にあった円通寺の永正十七年の堂宇修復には、信虎の弟勝沼信友と小山田信有がともに檀那《だんな》となって関与するなど、両氏勢力の接点でもあった。勝頼が再起を図るために入城しようとしたのも当城で

河口浅間神社
富士吉田市
下吉田
新倉
浅間町
丸尾地蔵堂
(船津関跡)
大鳥居
小佐野家住宅
北口本富士浅間神社
上吉田
0
1km

郡内周辺の史跡

あったが、信茂の離反により、田野であえない最後を遂げたのは前述したとおりである。円通寺は廃寺となったが（跡は市史跡）、麓の真蔵院には七社権現像・大般若経（県文化財・図117）の関係遺品が残される。

猿　橋

桂川をさらに下ると、猿橋《さるはし》が架かる（国名勝・図118）。両岸が深く切り立つ（水面まで約三〇メートル）桂川渓谷に架けられたこの橋は、川の中に橋脚が立てられないため、両岸から二列四段の刎木《はねぎ》を地中深く埋めて順次せり出すことによって橋桁《はしげた》を支える特異な構

図115

図116　岩　殿　城　跡（岩殿山）

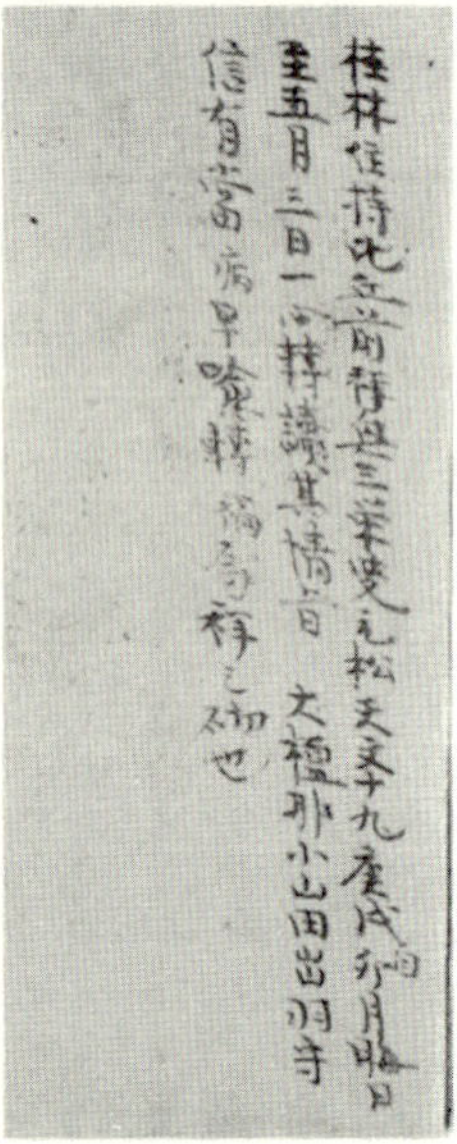

図117　大般若経巻三六七紙背
に記された小山田信有
の病気平癒を祈る墨書
（大月市・真蔵院所蔵）

造をとっており、木曾の桟《かけはし》・周防《すおう》の錦帯橋《きんたいきょう》とともに三奇橋に数えられ、文明《ぶんめい》十九年（一四八七）に通行した聖護院道興《しょうごいんどうこう》もその奇観を周囲の渓谷と合わせて、「凡景にあらず、すこぶる神仙逍遙の地」と評している（『廻国雑記』）。交通の要衝であった当地には、大永《だいえい》四年（一五二四）信虎が一万八〇〇〇の兵を率いて陣を構え、享禄《きょうろく》三年（一五三〇）にも小山田信有と国中勢が布陣して北条勢と交戦するなど軍事的にも重要な役割を担った。そのため、永正十七年（一五二〇）や天文九年（一五四〇）の掛替は小山田氏が担当するなど、その保持には領主も深く関与していた。天文二十三年小田原に向かった花嫁（信玄娘）一行や永禄十二年（一五六九）十月小田原城攻めの後、三増《みます》峠（神奈川県）での激戦をへて甲府にもどった信玄勢もこの橋を通行したに違いない。

図118　桂川渓谷に架かる猿橋

河口宿　御坂峠《みさかとうげ》を越えた先の集落（河口湖町）。古代の官道甲斐路の駅があったが、中世にも鎌倉街道の宿駅であるとともに、富士信仰の隆盛にともなって道者《どうじゃ》（参拝者）の案内・宿泊などを指導する御師《おし》の集落としても発展した。戦国時代には、鎌倉街道は駿河・相模方面への武田軍の侵攻ルートとなり、永正六年には国中勢によって焼かれるなど被災することも少なくなかった。ただ、御師を通じて諸国から集まる道者から徴収する関銭《せきせん》（通行税）は重要財源の一つで、関銭徴収のための関所を各地に造るとともに、御師に対しては過所《かしょ》（関銭免除）や諸役免許状を与えてその活動を奨励した。河口に造られた関の位置は詳《つまび》らかではないが、船津関の跡は富士急ハイランド前の丸《まる》尾《び》地蔵堂（町文化財・図119）のところといわれる。弘治《こうじ》三年（一五五七）十一月十九日、娘北条氏政夫人の無事出産を祈った信玄が、当関の閉鎖を約したのはよく知られるところであるが（『富士御室浅間神社文書』）、その子が無事に育った形跡はなく、閉鎖が実現したかどうかも定かではない。集落内にある河口浅間《せんげん》神社は御師の活動拠点であった。なお、河口湖に浮かぶ鵜《う》の島は富士五湖唯一の島だが（図120）、駿河勢が侵攻して周辺で戦闘が展開された永正十三年（一五一六）には地下人《じげにん》（土地の住人）がこの島に避難して越年し、天文二十三年（一五五四）十月には信濃神之峰城（飯田市）主知久《ちく》頼元父子が武田氏の捕虜となり、当島に幽閉された後、翌年船津で処刑されるなど戦国期には特殊な機能を果たしていた。

御師の町吉田

富士山吉田口登山道の起点に位置し、河口とともに富士道者を迎える御師の町として知られる。成立時期は明らかではないが、吉田口二合目の行者堂に安置

図119　丸 尾 地 蔵 堂（伝船津関跡）

図120　鵜　　の　　島

されたという役行者像《えんのぎょうじゃ》（県文化財、中道町・円楽寺所蔵）が十二世紀末〜十三世紀初の作と推定され、同じ二合目の冨士御室浅間神社山宮には文治《ぶんじ》五年（一一八九）および建久《けんきゅう》三年（一一九二）銘の神像が奉納されていたというから、登山道の利用は少なくとも十二世紀末にははじまっており、町場もそれにともなって成立してきたものと思われる。集落としては上吉田と下吉田に分かれるが、御師が集住したのは上吉田で、天文二十三年には「吉田ハ千間（軒）ノ在所」と記されるほどであった。武田・小山田氏が保護を加えたのは河口の場合と同様の趣旨であるが、文亀《ぶんき》元年（一五〇一）北条早雲《ほうじょうそううん》が攻め込んで城山《じょうやま》（市街地の東に見える独立丘）に陣を構えたのを初見として、北条氏の侵入にともなってしばしば戦場となり、焼討ちも受けている。和睦後の永禄四年（一五六一）には北条氏政《うじまさ》救援のため信玄自身が吉田まで出陣している。

　現在の町並みは、富士山の「雪しろ」（融雪による土石流）の被害を免れるために元亀三年（一五七二）に移転された新町である（旧町は現在地より東にあったといい、「古《ふる》吉田」と呼ばれる）。大鳥居から南に延びる道の両側には、今でも民宿などを経営している御師の家が何軒か残り、東西に細長い地割が往時の町並みを伝えてくれる。なかでも、槇田《まきた》家は移転当初の部材を残す古家であり、隣接する小佐野家は文久《ぶんきゅう》元年（一八六一）建立だが、御師住宅の特徴を地割も含めよく伝えている（重要文化財）。また、南端部近くの東側にある時宗《じしゅう》の西念寺も、堂宇造営のため富士参詣道者から一人四銭の勧進を認める天文二十三年および天正九年（一五八一）発給の信玄と勝頼の朱印状を蔵し、釈迦如来像（県文化財）はかつて吉田口登山道一合五勺にあった末寺定善院《じょうぜんいん》に安置されていた薬師如来のこととされるなど、富士山との関係は深い。

北口本宮富士浅間神社

吉田宿の南端部を東に折れたところにある当社は、富士登拝の出発点である。永正三年（一五〇六）武田信縄《のぶつな》は当社に病気平癒を祈願して参詣を約し、大永《だいえい》二年（一五二二）には信虎《のぶとら》が富士に登山している。ここから出発したのであろう。永禄八年五月には、信玄も六女（後の信松尼《しんしょうに》）の病気平癒を祈って娘の参詣・神馬三疋献納などを約束しており、代々の武田氏が祈願所としたことが知られる。本殿左手の東宮《とうぐう》本殿は、同四年信玄が国中の大工を動員して造営奉納したものである（重要文化財・図121）。

境内は杉・檜《ひのき》の巨木が鬱蒼《うっそう》と立ち並ぶ森厳《しんげん》な神域の中にあり、大きな石燈籠が左右に並ぶ参道を南下すると、冷涼な水が勢いよく流れる清流（御手洗川《みたらいがわ》）が参道を横切っていて、心が洗われる。随身門右手前の福地《ふじ》八幡宮は元文《げんぶん》五年（一七四〇）、神楽殿左手の手水舎《ちょうずしゃ》は延享《えんきょう》三年（一七四六）、拝殿（図122）・幣殿《へいでん》は寛延《かんえん》四年（一七五一）と、江戸時代中期の富士講盛んなりしころ江戸の村上光清《こうせい》の勧進によって再建された建物が残るが、境内にはこれ以外にも文禄三年（一五九四）の西宮《せいぐう》本殿（重要文化財）、元和《げんな》元年（一六一五）の本殿（同前）、さらに前述の東宮本殿があり、時代は異なるが、いずれも精巧な彫刻や金箔の飾り金具・華麗な彩色を施されている。装飾性豊かな建造物の時代的な変遷を一望できるのは壮観で、拝殿前の左右に立つスギの巨樹（県天

図121　北口本宮富士浅間神社東宮本殿（永禄4年造営）

図122　北口本宮富士浅間神社拝殿（寛延4年再建）

然記念物）とともに、参拝するわれわれを圧倒する。また、秋元泰朝《やすとも》奉納の太刀《たち》を蔵し（重要文化財）、太々神楽《だいだいかぐら》が県有形民俗文化財に指定されるほか、富士山の山じまいとなる八月二十六日の「吉田の火祭り」は天下の奇祭として知られる。

冨士御室浅間神社

吉田口登山道二合目にあった当社は、富士山中に最初に勧請《かんじょう》された古社と伝え、河口湖畔の勝山に里宮《さとみや》がある。武田氏の尊崇社《そんすうしゃ》の一つで、信玄は弘治三年に北条氏政夫人となった娘の安産祈願を行なっているが、永禄九年（一五六六）の三男直重《なおしげ》出産の際にも願文《がんもん》二通を納め、神馬《しんめ》奉納や黒駒関《くろこまぜき》（御坂町）を閉鎖して道者の通行に便宜を図ることなどを約した（図123、一通は流出）。このときは無事出産しているから、黒駒関は約束通りであれば、翌十年廃されたことになろう。同八年四月にも黄金二両と読経僧《どきょうそう》の飯米・禄物などを負担しての大般若経真読供養《しんどくくよう》を命じているが、これも娘松の病状回復を願ってのことだった可能性が高い。それ以外にも元亀《げんき》二年（一五七一）永年の祈禱の奉公により須走《すばしり》浅間と岡宮の社務執行を認めた朱印状、武運長久などの祈念のため於曾《おぞ》郷（塩山市）一貫二〇〇文を寄進した同三年の板垣信安証文、当家祈念を命じた天正《てんしょう》元年（一五七三）勝頼社領寄進状、隠密の祈願を依頼した跡部勝忠書状などの祈願関係文書のほか、信虎の太刀一・具足一・馬三疋の寄進状、永禄三年の馬七匹の過所、同七年の馬・禄物寄進状など武田氏発給文書や信玄自刻と伝える不動明王像（村文化財）が伝存するなど武田氏との関係は深い。二合目にあった慶長十七年（一六一二）

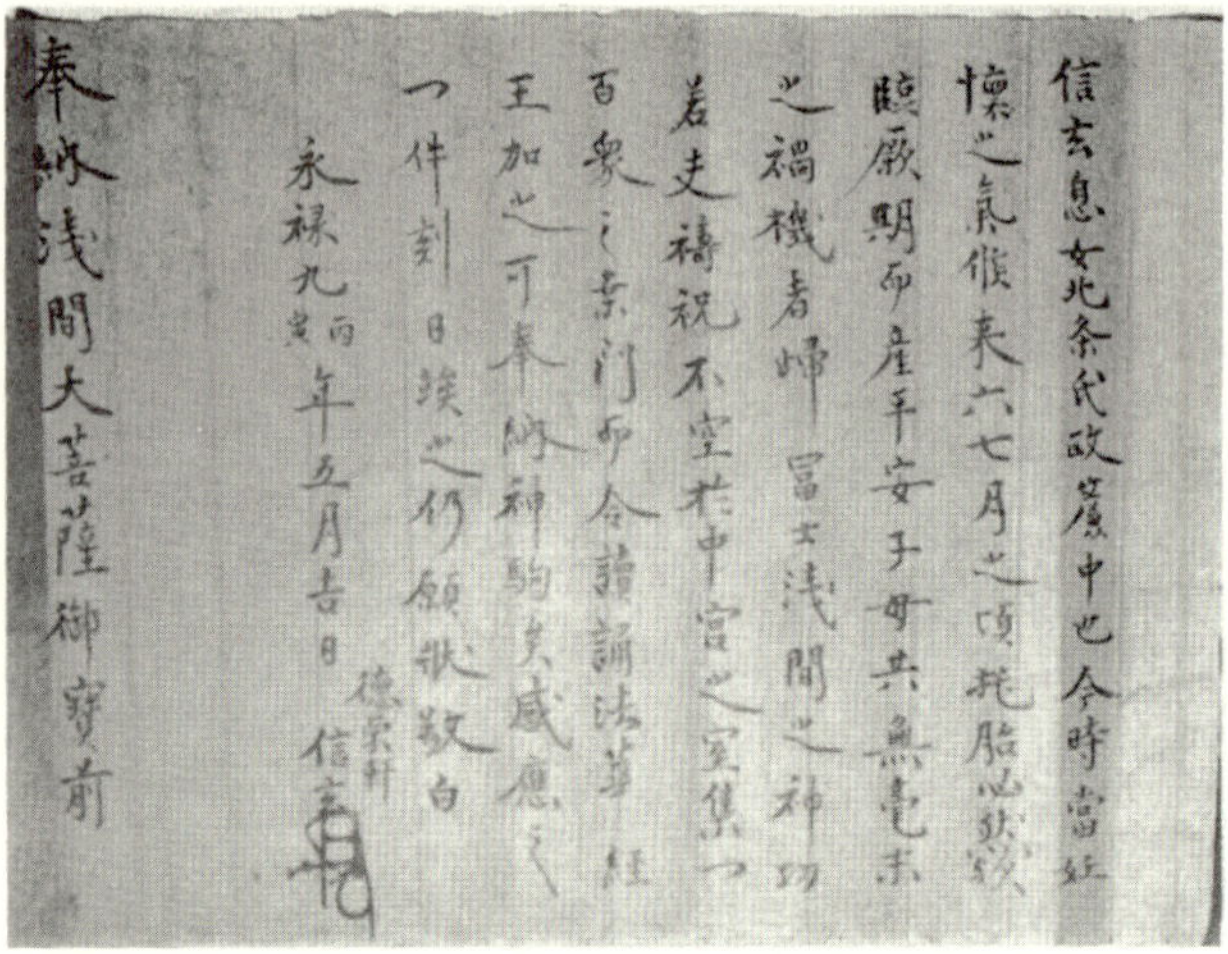

信玄息女北条氏政簾中也今時當妊
懐之氣候來六七月之頃托胎必然
臨厥期而産平安子母共無毛末
之禍殃者帰冨士浅間之神功
若走禱祝不空於中宮之室集一
百衆之東門而令讀誦法華経
王加之可奉納神駒黒感應之
一件剋日候之仍願状敬白
永禄九丙寅年五月吉日　徳栄軒　信玄（花押）
奉納浅間大菩薩御寶前

図123　永禄９年５月吉日武田信玄願文（娘の安産を祈願するもの。河口湖町・冨士御室浅間神社所蔵）

図124　冨士御室浅間神社本殿（慶長17年造立）

造立《ぞうりゅう》の本殿（重要文化財・図124）は、維持管理上、昭和四十九年（一九七四）に里宮に遷《うつ》されて、里宮本殿（村文化財）と対峙する。二五点の中世文書と戦国期の富士北麓の世相を記録した『勝《かっ》山記《やまき》』の最古の写本（ともに県文化財）を所蔵し、社宝の一部は境内にある村立歴史民俗資料館に展示される。

川中島の合戦

信玄の信濃侵攻

諏訪制圧

天文《てんぶん》十年（一五四一）父信虎《のぶとら》を追放して国主の座に就いた信玄がめざしたのは諏《す》訪《わ》である。翌年七月、妹婿諏訪頼重《よりしげ》を自害せしめて諏訪郡東半分を手に入れ、さらに、その措置に不満を持って叛旗を翻した高遠頼継《たかとおよりつぐ》を撃破し、その所領だった西半分も支配下においた。信玄は信頼する板垣信方《のぶかた》を郡代として上原城（諏訪市）に配し、信濃侵攻の拠点としたのである。天文十四年四月、前年反した福与《ふくよ》城（上伊那郡箕輪町）主藤沢頼親《よりちか》を支援する頼継を討つため甲府を出発した信玄は、上原城をへて十五日頼継の本拠高遠城（同郡高遠町）を攻めてこれを落とし、ついで福与城を囲んで開城させて上伊那一帯を勢力下に収めた。一方、父の代から手を伸ばしていた佐久地方へは、十二年九月大井貞隆《さだたか》の守る長窪城（小県郡長門町）を攻略したのを手始めに、十五年内山城（佐久市）、十六年志賀城（同）と侵攻の歩を進め、特に志賀城

図125　諏　　訪　　湖

図126　上田原の合戦の跡地（上田古戦場公園）

攻めにあっては援軍の上州勢の戦死者三〇〇〇の首を城の周囲に晒《さら》して城兵の戦意を阻喪《そそう》させ、城主笠原清繁《きよしげ》以下が戦死すると、城主の妻は小山田信有《のぶあり》に恩賞として与え、捕らえた城中の男女はすべて甲府に連れ帰り、代価を取って関係者に引き取らせるなどの厳しい措置をとって戦う姿勢を鮮明にしている。かくして、これらの地域に勢力を接している府中林城（松本市）の小笠原長時《ながとき》、北信の葛尾城《かつらお》（埴科郡坂城町）に拠る村上義清《よしきよ》との直接対決は避けられない情勢になった。

上田原の合戦と塩尻峠の合戦

両者との大きな衝突は、ともに天文十七年にはじまる。二月一日の雪深いなか、信玄は大門峠《だいもん》（茅野市・長門町）を越えて葛尾城に向かったのである。諏訪上原城からの進軍であろう。千曲川《ちくまがわ》左岸の上田原《うえだはら》（上田市）に陣を構えた武田軍に対し、義清が城を出て攻撃を仕掛けたのは十四日のことであった。両軍入り乱れての激戦は、地の利に明るい村上方に有利に働き、武田方は板垣信方・甘利虎泰《とらやす》らの歴戦の勇将を失い、信玄自身も傷を負った（図126・127）。よほど悔しかったのか、わざわざ母大井夫人が撤退を勧める使者を送ったにもかかわらず、信玄は敗戦後二〇日も戦場に留まっている。

信玄のはじめての敗報は占領下の信濃に動揺を与え、武田氏に離反する者が相つぐなかで、七月十九日に戦われたのが塩尻峠《しおじり》（岡谷市・塩尻市）の合戦である。小笠原長時も敗戦を好機ととらえた一人で、反勢力と結んで諏訪地方への侵攻を開始する。七月十日諏訪湖西部を本拠とする西方衆矢島・花岡氏らが長時の工作に応じて叛旗を掲げ、三度目の侵入発生との報に接した信玄

図127　板 垣 信 方 の 墓

図128　大井ヶ森関所跡

は、ただちに甲府を出立したものの大井ヶ森《おおいがもり》（山梨県長坂町）に留まって現地の情勢をうかがい、十八日隠密裡に兵を進めて、十九日卯《う》の刻（午前六時ごろ）塩尻峠上に布陣した小笠原勢を急襲、油断していた軍兵はほとんど戦うことなく、千余の死体を残して退却したという。この決定的勝利は上田原の敗戦を補って余りあるものとなった。余勢を駆った信玄は、義清が失地を回復した佐久郡に侵攻し、九月十二日前山城《まえやま》（佐久市）を攻略、「サクノカウリ《（佐久郡）》ノ大将ヲ悉《ことごと》ク打殺ス、去程ニ打取ル首ノ数五千計《ばかり》」という勢いであった（『勝山記《かつやまき》』）。この年の二度の合戦は明暗を分けたが、結果的には塩尻峠で勝ったことによって信濃での地歩を確固たるものにすることができたのである。

深志築城

信玄は、塩尻峠の合戦直後の十月、長時の居城林《はやし》城の南約八キロに村井城を築くが、これを足掛かりに本格的に長時攻略をはじめたのは天文十九年七月のことである。三日に甲府を出馬した武田軍が十五日イヌイ城（犬甘城カ）を落とすと、周辺諸城はたちまち自落し、長時も林城を去って、戦うことなくあっけなく本拠地を奪われてしまった。歴然たる勢いの差に有力家臣の多くが寝返ったためといわれる。林城を破却した信玄は、属城の一つだった深志《ふかし》（今の松本城の地）を修築して前進基地とし、城代に馬場信春《のぶはる》を据えた。以後、同城は北信への兵站地《へいたんち》として重要な役割を担うことになる。

戸石崩れと義清の没落

ついで、宿敵村上義清を討つため兵を率いた信玄は、義清の属城戸石《といし》城（上田市）を囲んだ。八月二十八日にはじまった攻城戦は、堅固な地形に守られた城が容易に落ちないため、いったん囲みを解いて体勢をととのえようと撤退を開始した十月一日早朝、追尾されて攻撃を受け、二度目の苦杯を喫した。世にいう〝戸石崩れ〟で、京には武田軍が五〇〇〇もの兵を失ったと伝えられた（『厳助往年記《げんじょおうねんき》』）。しかし、大勢に影響はなく、翌年五月二十六日、武田の属将真田幸隆《ゆきたか》の攻撃によって戸石城は陥落、二十二年葛尾城攻撃のため深志城から進軍してくる信玄の前に、かなわないことを覚悟した義清は、四月九日みずから城を捨てて長尾景虎《ながおかげとら》（後の上杉謙信《うえすぎけんしん》。景虎は呼び名を何回か変えるが、本書では便宜上、以下、上杉謙信に統一する）を頼り、城は武田軍の手に帰した。北に接する善光寺平《ぜんこうじだいら》は、武田氏にとっては領土とすべき肥沃《ひよく》な水田地帯であり、上杉氏にとっては本国越後に接する国境警衛の重要地点として、川中島での両軍衝突の舞台は用意されたのである。

棒道

以上のような信濃への軍事行動を円滑に行うために信玄が設置したのが棒道《ぼうみち》だといわれる。『甲斐国志』は棒道は三本あり、小荒間《こあらま》（長坂町）をへて湯川《ゆかわ》（長野県茅野市）へ至る上《かみ》の棒道、大井ヶ森から葛窪《くずくぼ》（長野県諏訪郡富士見町）へ向かう中《なか》の棒道、小淵沢から田端《たばた》（同前）へ出る下《しも》の棒道という三筋があったというが、どうもこれは『国志』独自の解釈であって、上の棒道のみを棒道とする見解が強く、最近では信玄開設を疑問視する説も提示されている。しかし、信濃侵攻の道は必ずあったはずで、慶安《けいあん》四年（一六五一）の山論裁許絵図（小淵沢町郷土資料館所蔵・図129）には、小荒間村から延びる「ぼう道」（上の棒道）、大井ヶ森村からの「中道」（中の棒道）がはっきりと描かれている。『高白斎記《こうはくさいき》』を見ても、天文十一年六月・十七年七月には「大井ヶ森御陣所」を経由しており、十七年二月の際には甲府から直接大門峠に向かっているから上の棒道を利用したと考えられるなど、信玄が新設したかどうかは別にして前記想定ルートを武田軍が通行したことは間違いない。

現地の上の棒道には、嘉永《かえい》年間（一八四八〜五四）に造建された観音霊場を模した観音石仏三七基が道筋に配置されていて、そのルートをたどることができる。長坂町・大泉村境付近から分岐するこの道に入ると、まず西国一番の如意輪観音像《にょいりんかんのんぞう》が現れるのをはじめとして、林間の中に順次石仏を拝することができる（図130）。約一キロほど行くと、嘉永三年（一八五〇）の「天八達衢神《てんはちたつがいしん》」と大書した道標があり、棒道改修の趣旨を記す。右手に水車小屋を見て進むと三分一《さんぶいち》湧水に至る（図131）。この分水路の成立は江戸期とみられるが、信玄の工夫で均等に三分割したといい、近くには『甲陽軍鑑《こうようぐんかん》』の創作といわれる天文《てんぶん》九年（一五四〇）に武田・村上が対戦した小荒間の古戦場跡、その勝利を祝して信玄本陣跡に創建した寺の後身法性寺《ほうしょうじ》など、いずれも伝承には過ぎないが、信玄関連遺跡があり、棒道が信玄と深く結びついて語られてきたことを伝える。小荒間番所跡をすぎると、ほどなくふたたび林間に入る。女取沢《めとりざわ》を越えた小淵沢町分からは道沿いが

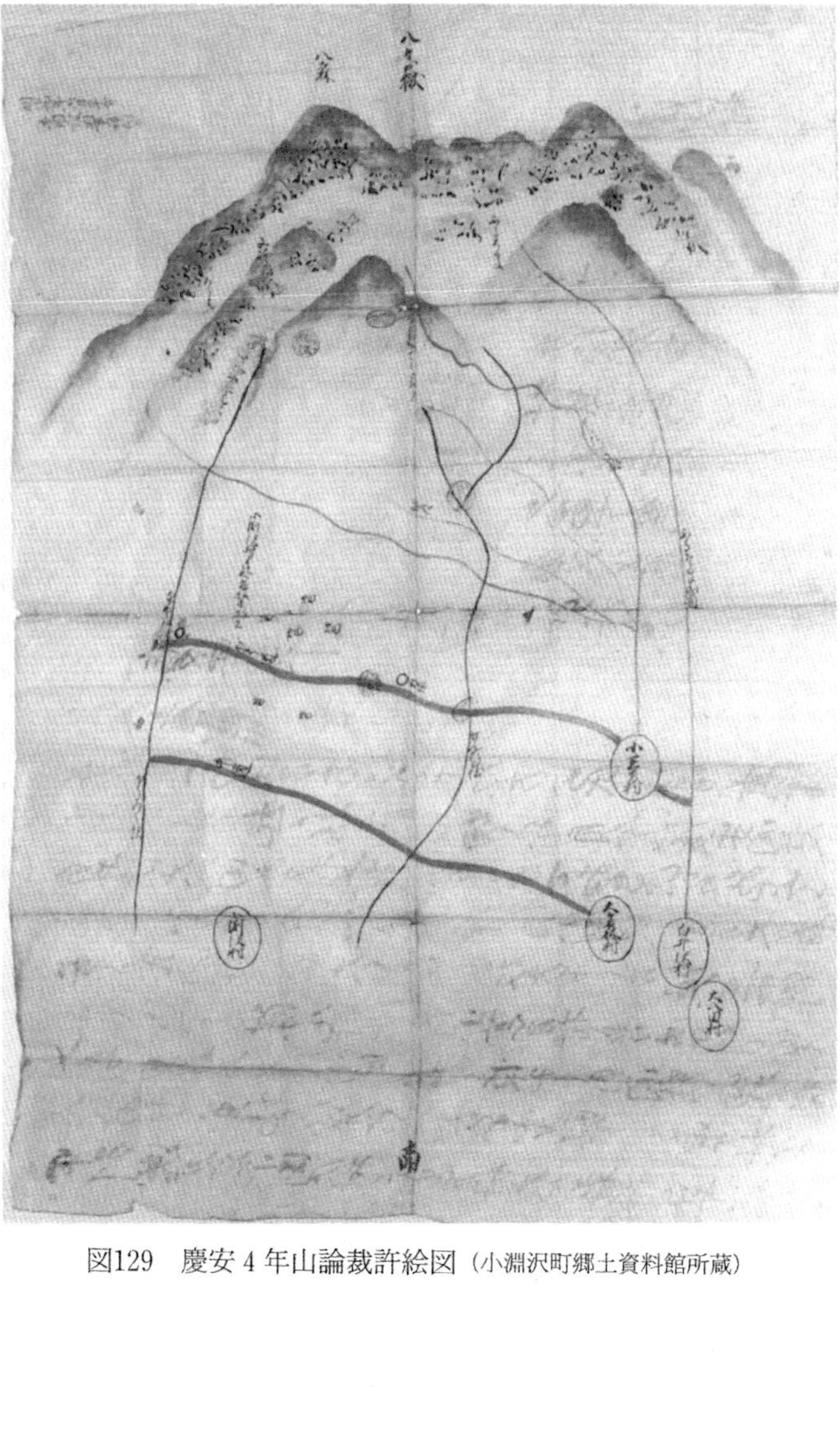

図129　慶安４年山論裁許絵図（小淵沢町郷土資料館所蔵）

図130　棒道沿いに残る石仏

図131　武田信玄考案と伝える三分一湧水

防火帯とされ、幅一六メートルほどの草原状を呈し、やがて観音平から下る県道に達する。以上、約六キロの区間は古道の雰囲気を楽しめる。

川中島の合戦

第一回

葛尾《かつらお》城を落とした直後の天文《てんぶん》二十二年（一五五三）四月二十二日、武田軍は八幡《やわた》（更埴《こうしょく》市）で敵兵五〇〇〇と遭遇した。敵の内容は記録されないが、敗軍の将義《よし》清《きよ》の手勢ばかりだったとは思われず、援助を求めた越後からの軍勢が含まれていた可能性が高い。とすれば、甲越両軍の最初の衝突となるが、信玄はあえて強く戦おうとはせず、五月一日には深《ふか》志《し》城に入り、十一日には甲府へもどっている。越後勢と本格的に戦うには準備不足と感じたのであろうか。その間、義清は葛尾城を攻め落とし、旧領を回復して塩田《しおだ》城（上田市）に入った。

一方、甲府の信玄は六月一日に塩田攻めの群議を開いて体勢をととのえるとともに、かねてから望んでいた嫡子太郎（義信）への将軍義輝《よしてる》からの偏諱《へんき》授与の使者を館に迎えた二日後の七月二十五日、甲府を出立して佐久往還から塩田に向かう。二十八日内山城、三十日望月古城（北佐久郡望月町）、八月一日長窪《ながくぼ》城（小県郡長門町）と順次陣を進めた信玄は、同日和田城（同和田村）を落としたのを手始めに、四日高取屋《たかとや》城（同武石村）・内村城（同丸子町）、五日塩田城とつぎつぎに攻略、義清を敗走させた。その勢いは一日に一六の要害を陥落させるほどだったという。ついで、塩田城を飯富虎昌に守衛させるとともに論功行賞を行い、味方に馳せ参じた信濃の武将たちに小県の地を充行《あておこな》い、また安堵《あんど》した。さらに、犀川《さいがわ》流域に本拠をおく大日方美作《みまさか》入道・上総《かずさの》介《すけ》父子に対して義清の行動に対する警戒を命じたうえで、近隣諸将を味方に勧誘するよう指示しているのは、迫り来るはずの越後勢を意識しての矢継ぎ早の対応策に違いない。

謙信率いる越後の軍勢がいつ越境したかわからないが、八月中には布施《ふせ》（長野市、川中島西南部）で両軍が衝突、九月一日には、四月にも両軍が戦った善光寺平南端部に位置する八幡でふたたび武田軍が敗れた。それを知った武田方の荒砥《あらと》城（更級《さらしな》郡上山田町・図132）の守兵はみずから城を捨てるが、越後勢は手を緩めず、三日には青柳《あおやぎ》（東筑摩郡坂北村）に放火、四日虚空蔵山《こくぞうやま》（更級郡麻績《おみ》村）を占拠するなど、川中島以南へ深く侵攻している。塩田城を動かず、敵の動静を見極めていた信玄は、十三日夜陰に乗じて兵を出し、占領された荒砥・麻績に火を放って敵兵多数を討ち取った。十五日謙信は兵を動かし、十七日南条（埴科《はにしな》郡坂城町）に攻め入ったため、信玄も城を出て陣を構えるが、これは撤退を容易にするための謙信の陽動作戦だったようで、二十日には越後勢が引き揚げた旨の報が信玄のもとに届いている。撤退を確認した信玄は、深志城・

図132　荒砥城跡に復元された建物

高島城をへて十月十七日甲府へ帰着した。

こうして第一回目の対戦は終わったが、信玄が積極的に川中島方面へ出陣した形跡はない。この時点の信玄にとっては、川中島の争奪が目的ではなく、占領したばかりの村上義清の旧領埴科《はにしな》・小県《ちいさがた》郡を確保することに主眼があったためであろう。『高白斎記』を見ると、戦闘が繰り広げられている最中にも、現地の武士に対して所領を与えた記事が頻出し、占領地の人心収攬《しゅうらん》に意を用いた様子が窺える。謙信の攻撃を押し返した信玄は、埴科・小県を確保したことで川中島への足掛かりを得、初戦に戦果を挙げた謙信は善光寺平への武田氏の進出を阻んだことに満足して、十一月念願の上洛に旅立つのである。

第二回

二年後の弘治《こうじ》元年（一五五五）、両雄はふたたび川中島で相まみえる。この間の天文二十三年十二月、信玄の娘と北条氏康の嫡子氏政の結婚が実現して、甲・駿・相の間に三国同盟が成立している。当時の状況を考えれば、成立を積極的に推進した信玄は謙信との対決を強く意識していたに違いない。同盟の成立により後方の安全の確保を図った信玄は、ほぼ併行して下伊那の知久氏を倒し、佐久の反乱を制するなど信濃の他地域を抑えたうえ、謙信の家中へも触手を伸ばし、北条城《きたじょう》（新潟県柏崎市）主北条高広《きたじょうたかひろ》から内応《ないおう》の約束を得るとともに、安曇《あずみ》郡方面でも大日方入道に命じて千見《せんみ》城（北安曇郡美麻《みあさ》村）を攻略、さらに、善光寺小《こ》御堂《みどう》別当栗田鶴寿《かくじゅ》を味方にしていよいよ善光寺平に動く気配を示した。

北条の内応は事前に漏れ、本拠を攻められて高広は弘治元年二月降伏するが、謙信としても自分の領内にまで手を伸ばしてきた信玄の動きを看過するわけにはいかなくなり、「晴信（信玄）に対し興亡の一戦を遂ぐべし」（『歴代古案』所収謙信書状）と、四月ごろには兵を動かし、善光寺に陣を張った。その報に接した信玄は、ただちに旭山《あさひやま》城（善光寺の西二キロ）に籠城した栗田鶴寿のもとに三〇〇〇の援軍と弓八〇〇・鉄砲三〇〇を送って対抗させるとともに、みずからも大塚（長野市、犀川《さいがわ》右岸）にまで兵を進めて対峙《たいじ》した。その間約五キロである。謙信は旭山の北二キロの葛《かつら》山《やま》に城を築き（図134）、旭山に対抗させて背後を突かれる危険を防ぎ、にらみ合いは三カ月にもおよぶ。両軍の戦闘は七月十九日に行われるが、どうもこの合戦はしびれを切らした謙信が、犀

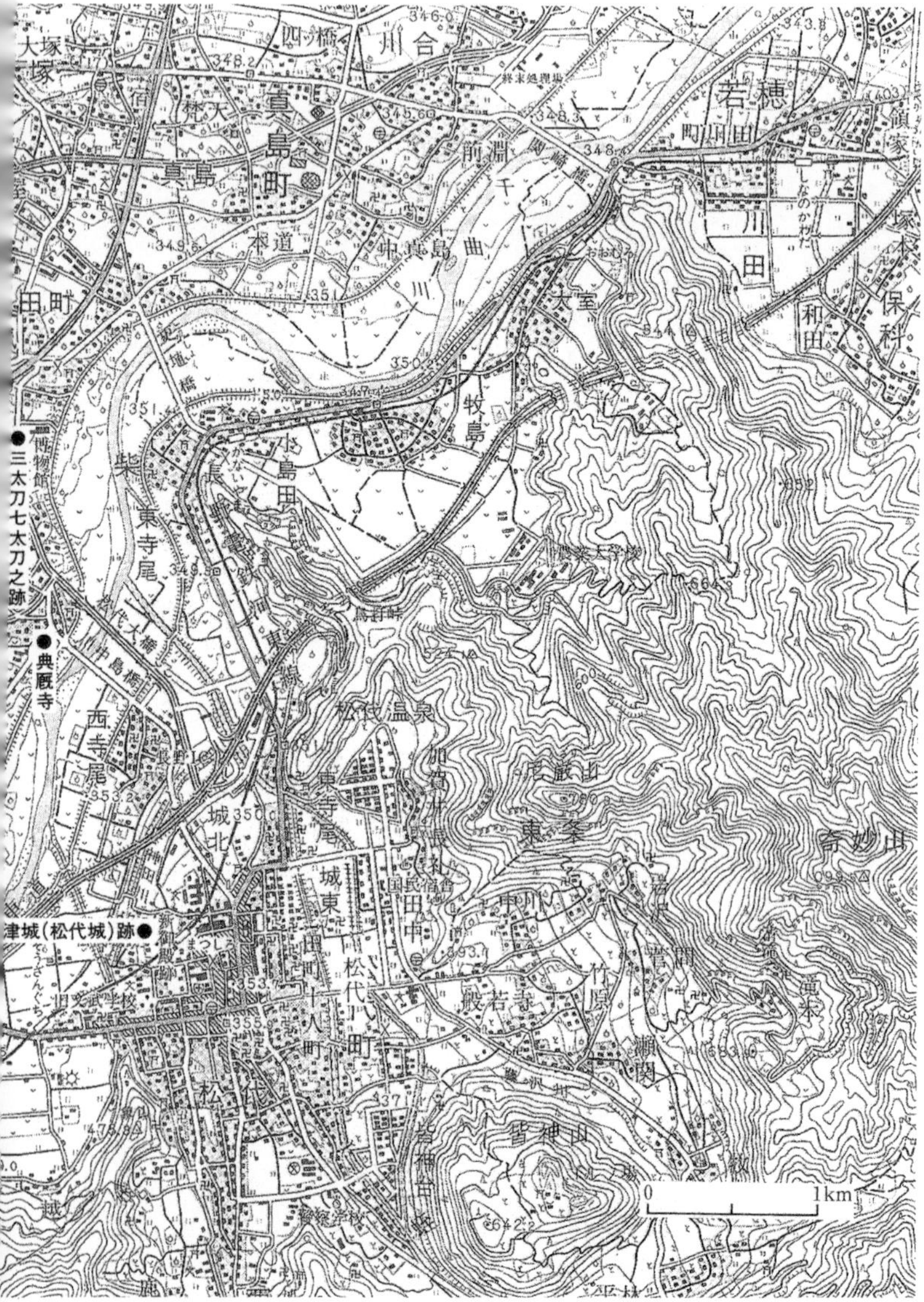

川中島周辺の史跡

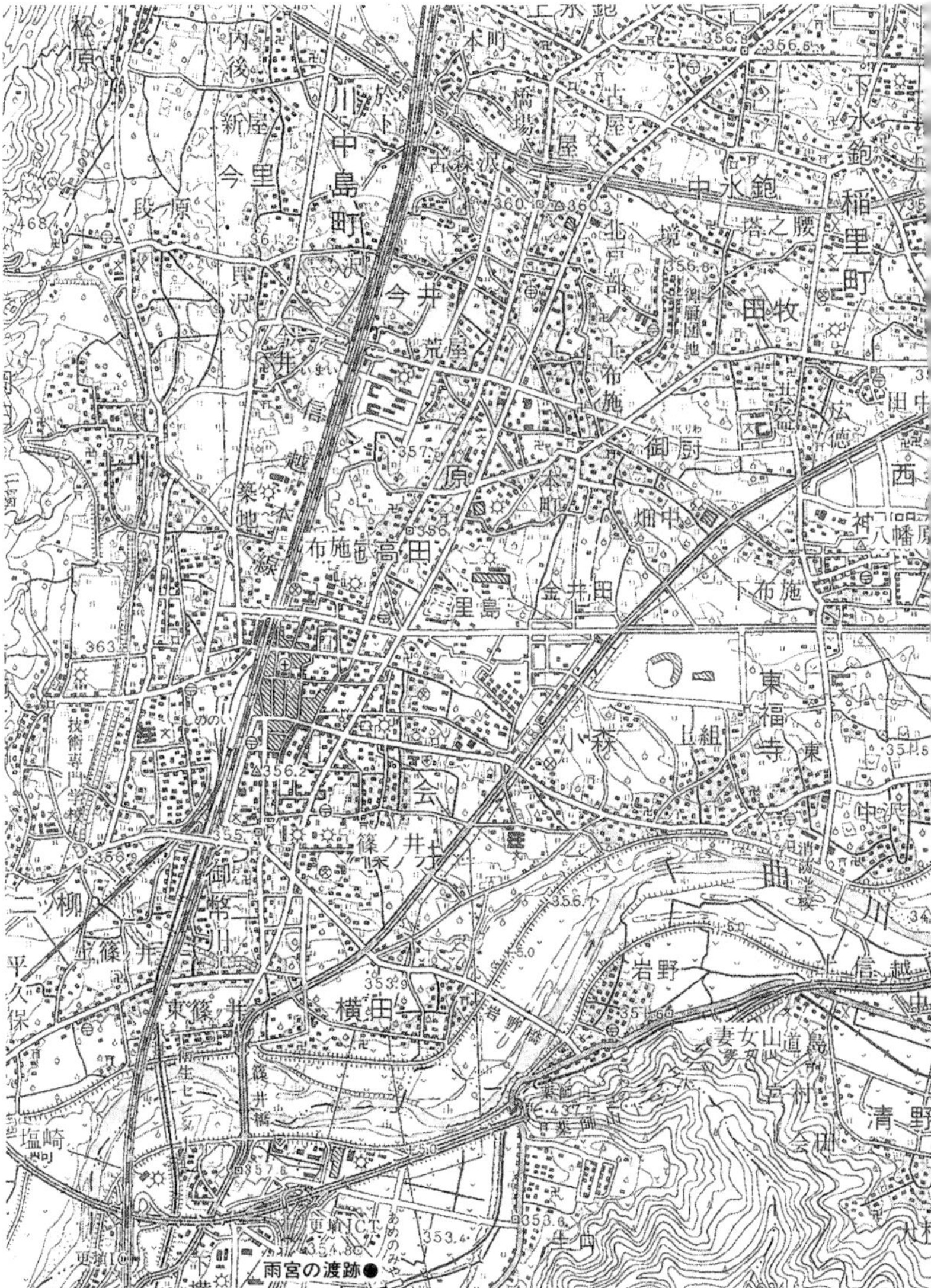
松原
内後
新屋
今里
段原
川中島町
今井
貝沢
中氷鉋
塔之腰
稲里町
田牧
荒屋
布施
御厨
信越本線
原
本町
畑中
西
八幡原
布施高田
里島
金井田
下布施
東福寺
小森
上組
会
技術専門学校
篠ノ井
御幣川
二ツ柳
上篠ノ井
千曲川
岩野
東篠ノ井
横田
妻女山
清野
塩崎
更埴I.C.
土口
雨宮の渡跡●

図133

図134　葛　山　城　跡

川を越えて信玄の陣を襲ったものらしい。しかし、同日付の感状《かんじょう》が信玄のものは一〇通残るのに、謙信のものは一通もなく、また、戦場にいた穴山信君《のぶきみ》に宛てた書状で、今川氏《うじ》真《ざね》が「越後衆出張《しゅっちょう》すと雖《いえど》も、指したる儀なく退散」との報告を受けて安心したといっていることなどからすると、武田氏の方が優位だったと思われる。

　ただ、膠着状態はその後もつづき、閏十月十五日今川義元《よしもと》の斡旋により両軍が撤退するまで、滞陣は二〇〇日にもおよんだ。双方の兵馬の疲弊《ひへい》は相当なものだったが、特に供給路の長い武田軍の物資の補給は困難を極め、義元の斡旋は信玄の依頼によるという。講和の条件は、旭山城の破却と島津・井上氏らの北信諸将の還住・不可侵であった。彼らの多くは武田の圧迫を逃れて謙信に救援を求めていたのだから、還住は武田の勢力圏を減少させることになるが、前回の出兵目的の一つだった村上義清の旧領回復は問題になっておらず、謙信も信玄の埴科・小県支配を認めざるを得ない情勢になっていたことがわかる。

第三回

不可侵を約した講和条件を信玄は当初から守るつもりはなかったらしい。翌二年三月葛山城を守る落合氏を味方に誘い、落合遠江守らの内応を取り付けて一族を分断、五月牧城（上水内《かみみのち》郡信州新町）の香坂《こうさか》筑前守、六月に綿内《わたうち》（長野市）の井上左衛門尉、七月高井郡の市川孫三郎らに知行宛行状《あてがいじょう》を発する一方、八月に入ると真田《さなだ》幸隆《ゆきたか》に小県郡から川中島への咽喉《いんこう》を扼《やく》する雨飾《あまかざり》城（長野市）攻略を督促するなど軍事的攻勢も強めている。さらには、この年起こった謙信隠退のごたごた劇の中で孤立、追放された重臣大熊朝秀《おおくまともひで》を誘って越中から越後に侵攻させたのも八月のことであった。結果的には大熊は敗れ、甲州に逃げ帰って信玄に仕えることになるが、相つぐ破約に、怒った謙信は翌三年正月信玄討滅を神に誓っている。しかし、武田軍の行動は止まらない。二月十五日かって工作しておいた葛山城を強襲してこれを陥落させ、善光寺平の中心部を掌中に収めた（図135）。

　この事態を受けて、島津月下斎《げっかさい》は大倉城（上水内郡豊野町）に移って防備を固めるとともに、ただちに謙信のもとに救援要請した。謙信もすぐに応じて国内に動員令を発したが、深雪のためか兵の集まりは遅々として進まない。武田軍の方は、さらに兵を進めて三月中旬ごろには飯山城

（飯山市・図136）を守る高梨政頼に迫った。矢のような救援催促にもかかわらず、謙信が越境したのは四月十八日のことであり、周辺の武田方の城を攻略しながら二十一日善光寺に着陣、二十五日前回の講和で破却された旭山城を再興して、葛山城と対峙して信玄を待つこととなる。一方、信玄は甲府に留まって謙信の動静に注目していたが、謙信の出馬を知って義信とともに出陣したものとみえ、四月二十八日には諏訪上社神長《じんちょう》守《もり》矢《や》頼真《よりざね》に戦勝祈願を依頼したうえ、当時の拠点であった深志城に入って指揮をとったものと思われる。謙信は「晴信引出し、一戦を遂ぐべき覚悟」（『芳賀文書』）で臨み、五月に入ると坂木の岩鼻（埴科郡坂城町）まで攻め込み、武田軍一、二千と遭遇するが、敵は退却してしまって捉えることができず、「打ち捕らえざる事無念」（『別本歴代古案』）と悔しがっている。直接対決を避けたのは信玄の作戦だったらしく、七月五日には意表をついて糸魚川方面に侵入し、国境近くの小谷《おたり》城（北安曇《きたあずみ》郡小谷《おたり》村）を攻め落とすなど成果を挙げている。唯一、両軍が衝突したとみられるのは八月二十九日の上野原（諸説あるが、善光寺北東五ｷﾛの上野が有力）の合戦だが、上杉方の感状三通が残るのみで戦いの実態はわからない。一連の武田軍の戦い方を見れば、そう大きな戦闘にはならなかったのではなかろうか。

かくして九月謙信は越後にもどり、信玄も十月十六日帰着した。結果を見れば、信玄は兵をほとんど損することなく、善光寺平より北の戸隠神社のある上水内郡から北安曇郡方面にまで勢力を及ぼすことになったのに対し、信玄の作戦に翻弄された謙信は何も得るところなく帰国せざる

図135　善　光　寺　平

図136　飯 山 城 本 丸 跡

ている。

を得なかった。戦略的な意味での勝敗の行方は明らかで、この合戦後信玄は善光寺を甲府に移している。

第四回

しかし、これで信玄の信濃支配が安定したわけではない。北信の国人《こくじん》層は絶えず謙信に通じ、旧領の回復を願っている。信玄の攻勢は翌永禄《えいろく》元年（一五五八）に入っても変わらなかった。閏六月十九日、醍醐《だいご》寺理性《りしょう》院の末寺文永寺《ぶんえいじ》・安養寺再興の依頼に対し、来秋越後へ出陣の意志を示して勝利の祈禱を要求し、八月には戸隠神社に同様の祈願を行なっている。十一月には両者の和睦を斡旋していた将軍足利義輝から、違約の出兵を厳しく咎《とが》められているから、詳細はわからないが実際に軍事行動を起こしたのであろう。その糾弾に対し、信玄は信濃・越後への出兵は謙信が信濃を侵したからで、防衛するのは信濃守護として当然の行為と弁明している。任命者側の将軍に対する答弁であるから、補任《ぶにん》の事実はあったものと考えられる。第三回合戦終了後の和平工作のなかで、信玄側から要求して元年春ごろまでには任じられていたのであろう。二年に入っても信玄の姿勢は変わらず、五月松原神社（南佐久郡小海町）に願文を納めて越後境へ兵を出し、九月にも生島足島《いくしまたるしま》神社に謙信討滅を祈願、また、能登の神保良春《じんぼうよしはる》を誘って謙信の信濃侵攻があった場合には越中から越後に攻め込むことを約束させた。これに対し、謙信は二年四月～十月上洛して関東管領《かんとうかんれい》を拝領し、三年三月には武田方に付いた良春を討ち、八月関東管領としての責を果たすため関東に出陣するなど、信濃に兵を動かす余裕がない。謙信出兵直後の九月、信濃に兵を進めた信玄はふたたび松原神社に願文を納めて国境地帯の城郭攻略を祈念するとともに、海津城《かいづ》（長野市松代町・図137）築城を急ぎ、三年中には完成したとみられる同城の守将に重臣高坂昌信《こうさかまさのぶ》を配した。以降、当城は川中島を扼する武田氏の重要拠点としての役割を担うことになる。一方、関東で北条氏康と戦う謙信は、四年三月長駆して小田原城を囲み、閏三月十八日鶴ヶ岡八幡宮で管領就任と上杉氏襲名を神前に報告するなど一応の成果をあげた後帰途につき、六月二十八日春日山城にもどるが、その直前の五月下旬国境近くの割ヶ岳城《わりがたけ》（上水内郡信濃町）を攻略するなど相つぐ信玄の挑発に、信濃出兵を決意するのである。

謙信が出陣したのは八月十四日というが、報告を受けた信玄もただちに兵を動かし、八月下旬には川中島に着陣し、両軍が対峙することとなった。激戦が展開されたのは、九月十日である。合戦の詳細は不明だが、双方に相当の被害が出たらしい。戦後、謙信・信玄とも自分の勝利を宣伝し、謙信は敵数千騎、信玄は三〇〇〇騎を討ち捕って勝利したとそれぞれ主張した文書を残している。武田方では郡内《ぐんない》小山田勢が敵軍を側面から攻撃して大きな戦果を挙げる一方（『勝山記』）、近衛前久《このえさきひさ》の謙信宛て書状では、「自身太刀討ち及ばるる段、比類なき次第、天下の名誉」と謙信自身が刀を振るって奮戦したことを称揚しているが（『太田作平氏所蔵文書』）、逆にいえば、大将自身が刀を持って戦わなければならないほど越後勢は苦戦を強いられたともいえよう。武田方においても信玄の弟典厩《てんきゅう》信繁はじめ、多くの戦死者を出したのは確かだが、十月三十日上杉

図137　海　津　城　跡

図138　雨宮の渡しに建つ頼山陽の碑

いら見た八幡原方面

図140　典　厩　寺

図141　三太刀七太刀の碑

図139　妻女山山

氏の残党の守る、川中島以北に位置する市川（下高井郡野沢温泉村）・野尻（上水内郡信濃町）両城の陥落を待って、京清水寺成就院に対し所領寄進を約束しているのは（『温泉寺所蔵文書』）、結局最後まで川中島に踏みとどまったのは武田氏で、戦後掃討作戦を進めたことを示すものであろう。

一般的に川中島の合戦というのはこの戦いで、人口に膾炙《かいしゃ》しているのは、『甲陽軍鑑』をはじめとする軍記物で喧伝されたことによるところが大きい。史実としての合戦の具体相は、前記以上に知る手だては今のところないが、地元にはこの合戦に関連する遺跡が数多く残されている。現地を歩く際には、その関係を知っておかなければ理解できないので、史実とは別に、軍記物の世界に筆を染めよう。

善光寺平に入った謙信は、犀川《さいがわ》・千曲川《ちくまがわ》を越えて敵領深く入り込み、海津《かいづ》城を見下ろす妻女山《さいじょざん》に陣を構えた（図139）。遅れて到着した信玄は、千曲川左岸に布陣して対峙したが、謙信が動かないため、五日後の八月二十九日海津城に陣を移したうえ、飯富《おぶ》虎昌《とらまさ》・馬場《ばば》信春《のぶはる》のこの際戦うべきとの意見に従い軍議を開いた。席上、山本勘介《やまもとかんすけ》（永らく『甲陽軍鑑』による創造の人物とされてきたが、実在は『市川文書』で証明された）の提言した、妻女山を奇襲して謙信隊を動かし、平地に出てきたところを挟撃して殲滅しようという作戦を採用することに決した。九月十日早朝攻撃隊が出発するが、事態を察知した謙信は事前に兵を動かし、雨宮《あめのみや》の渡しを渡って八幡原《はちまんばら》（海津城の北約二キロ）で待つ信玄本隊を急襲した。頼山陽《らいさんよう》が「鞭声《べんせい》粛々《しゅくしゅく》夜河《よるかわ》を渡る」と詠《よ》んだのはこの時の状況を忖度《そんたく》したものである（図138）。朝霧の中から予期せぬ敵軍の出現に驚いた本隊は苦戦を強いられる。防戦の中で信玄の弟武田信繁（典厩寺《てんきゅうじ》に墓がある、図140）も戦死し、本陣に駆け込んだ謙信がみずから信玄に太刀で襲いかかり、信玄は軍配で応戦したという。いわゆる「三太《みた》刀七太刀《ちなたち》」であり（図141）、討ち漏らした謙信の心情を山陽が「流星光底長蛇を逸す」と表現したのはあまりにも著名である。しかし、妻女山攻撃を反古《ほご》にされた武田の先発隊が到着し、戦闘に加わったことで形勢は一変して上杉勢は退却を余儀なくされた。小山田氏の「ヨコイレ（横入）」はこのときの側面攻撃を指すのであろう。

力戦を避けてきた信玄が、大きな被害を被りながらも謙信を撃退したのが第四回の合戦である。戦略・調略面だけで優位に立ったとみられていた信玄が実戦でも謙信に対抗しうる戦闘力を備えていたことは、旧領回復を願う北信の武将にとっても大きな衝撃で、頑強に抵抗してきた村上義清や高梨政頼も、これ以降活動の舞台を失うことになる。

第五回

第四回合戦直後の永禄《えいろく》四年（一五六一）十一月、北条氏康《うじやす》の要請もあって信玄は上野《こうずけ》に兵を進め、倉賀野《くらがの》城（群馬県高崎市）を攻撃しているのは象徴的である。以降、九年九月箕輪《みのわ》城（同箕郷町・図142）、十年五月総社《そうじゃ》城（同前橋市）を攻略するころまで西上野が軍事行動の中心となっていくからである。川中島を制した信玄は、信濃制覇を成し遂げたと判断して上野へ主眼を移したとみられる。謙信の方も関東管領の職責上焦点は関東に移り、信濃

図142　箕　輪　城　跡

図143　春日山城本丸跡

において は現状維持を計るようになったと考えられるが、両雄はまた、永禄七年（一五六四）川中島で最後の対陣をする。第四回以降も上野情勢と連動して越後を窺っていた信玄は、永禄七年には会津の芦名盛氏《あしなもりうじ》を誘って越後攻めを計画、三月十八日野尻城（上水内郡信濃町）を攻略して国境を越えるが、反撃を受けて撤退した。また、飛驒の江馬時盛の救援依頼に応じて派兵し、謙信の背後にくさびを打ち込もうとした。

関東各地の転戦からもどった謙信が、こうした信玄の挑発に業を煮やして決戦を決意し、兵を動かして善光寺へ布陣したのは七月二十九日である。八月一日更級郡の八幡神社に長文の願文を納めるとともに、三日には陣を進めて犀川を越えて川中島に進出、「万乙《まんいつ》（信玄と）打ち合わざるにおいては、佐久郡に暫《しばら》く在陣し、国中悉《ことごと》く以《もっ》て一変せしむべき覚悟に候」（『佐竹文書』）と、決意のほどを佐竹義昭に報じている。八月二十日前後には信玄も川中島南端部に近い塩崎（長野市）まで兵を進めて対陣したが、決戦を遂ぐべき覚悟の謙信も第四回の激戦が脳裏をよぎるのか容易に手を出さない。信玄の方もあえて戦いを挑まず、にらみ合いは六〇日にもおよんだが、謙信は下野《しもつけ》の佐野氏離反を契機に十月一日春日山城（図143）に引き揚げ、飯山城を修築して信玄に備えた。今回直接戦闘を交わすことがなかったのは、敵地深くで戦うことの不利を察した謙信と、自分の所領内に被害を与える損得を考えた信玄の思惑が一致した結果といえよう。ただ、着々と武田領国化の進められる状況をまのあたりに見た謙信は、善光寺平の回復を断念せざるを得なかったのであろう、これ以降川中島に兵を進めることはなかった。

信玄の旅への誘い――エピローグ

さて、旅立つ気持ちになっていただけたであろうか。覚束《おぼつか》ない案内人であったが、一人でも多く信玄を捜しに旅立っていただければ幸いである。

現在、山梨県では県立博物館の建設が進められている。その計画のなかで、博物館の役割の一つとして、「地域インデックス」なる機能を付与しようとしている。博物館を訪れた人びとに県内の史跡・遺跡や他の資料館の情報を豊富に提供して現地へ誘おうというのである。古建築や自然景観など現地の与えてくれる感動がなにものにも代え難い知的財産であることは、皆さんご承知のとおりである。また、芸術性の高い古美術も、作品が生まれ育ち、伝来してきた環境の中で接することによって感激を新たにすることも少なくない。芸術性は事前の知識を必要とせず、作品から直接受ける刺激がわれわれを大きく動かすのである。これに対し、遺跡（史跡）の場合は若干異なるような気がする。現在の外観からは過去の歴史を想像できないものが多い。普段何気なく見過ごしていた土饅頭や石積が、川中島の合戦での戦死者を葬った塚だとか、武田信玄が治水のために造った堤防であるとかいうことを知って、はじめて史跡として人びとの頭の中で輝き出す。人間はまことに心理的な動物である。その意味で、よい歴史の旅をするには若干の事前情報が必要といえよう。

本書の役割もまたそこにある。そのことを意識して、それぞれの史跡の情報をできるだけ正確に伝えるように努めたつもりである。そのうえで、現地に立ってかつての時代にどのような思いをめぐらすのかは各人自由である。受け取る感動は個々人それぞれ異なっても、それはそれでいい。その感動が歴史への関心をより強く呼び覚ますのだ。関心の深さが研究の進展・深さに繋がっていくのである。

博物館に「地域インデックス」の役割を求めるということは、館が単に歴史知識の切り売りをしようとしているのではなく、歴史への関心を深め、考える意識を醸成することに主眼を置いていることを示している。よりよい博物館の建設を心から願うとともに、オープンしたあかつきには、館に立ち寄って信玄に関心を持った方々は、本書片手に、ぜひ現地へ向かっていただきたいと願っている。

あとがき

私は甲州に生まれ、甲州に育ち、そして今も甲州で生活している、まったく他県で生活したことがない純粋な「甲州人」である。「甲州の人にとって武田信玄は特別な人ですよね。信玄公と呼ばないと怒られるそうじゃあないですか」。他県の人からそんな質問を何回か受けたことがある。「いや、そんなことはないですよ。確かに『公』をつけなければ気が済まない人はいますが、それはまったくの少数派で、私はそういう意識は持っていませんし、少なくとも私の仲間の中には一人もいませんよ」と答えるようにしてきた。

しかし、ふと不安に駆られることがある、「お前は本当に信玄に対して特別な意識を持っていないのか」と。甲州には確かに武田信玄があふれている。山梨出身の笹本正治氏は『山梨県の武田氏伝説』(山梨日日新聞社、一九九六年)で、県内各地の武田氏に関わる伝説(その多くは信玄を題材とする)を収集しているが、数行の概要を収めるだけでも五〇〇ページの本ができるほど語り継がれているのである。いわく、この岩は信玄公が腰掛けた岩である、いわく、この松は信玄公お手植えである、いわく、ここは信玄公の隠し湯である、……。もちろん、伝説が多く残されるのは信玄自身の責任ではない。われわれ甲州人の祖先がなしてきたわざである。なぜ、信玄伝説が創られ続けてきたのかは、それはそれで一つの研究課題ではあるが、生まれて以来、そういう信玄伝説のあふれる環境の中で育った「純甲州人」である私が、信玄の創られた虚像からどれだけ自由であるかわからなかったからである。

本書を書くにあたって、県内各所を改めて訪れてみたのは、以上のような自分自身の信玄に対する意識の客観性の検証作業ともなった。収録したのはそのほんの一部に過ぎないが、できるだけ伝説のベールは剝ぎ落とし、真像に迫り得ると感じた遺跡や史跡を中心に構成したつもりである。これらの文化遺産は、その造られた時代の雰囲気を直接伝えてくれる。私が皆さんに先んじて行なった調査の旅で得た私自身の新しい信玄像は、後日報告の機会を探すこととして、皆さんそれぞれの関心にしたがって、楽しい旅をしていただけることを願ってやまない。

二〇〇三年五月

秋　山　敬

著者紹介
一九四五年、山梨県に生まれる
一九六八年、山梨大学教育学部社会科学科卒業
現在、山梨郷土研究会常任理事、武田氏研究会編集委員
主要著書
甲斐武田氏と国人　図説山梨県の歴史〈共著〉
山梨県の歴史〈共著〉　甲斐と甲州道中〈共著〉

歴史文化ライブラリー
160

歴史の旅
武田信玄を歩く
二〇〇三年（平成十五）八月一日　第一刷発行
著　者　秋《あき》山《やま》　敬《たかし》
発行者　林　英　男
発行所　株式会社　吉川弘文館
東京都文京区本郷七丁目二番八号
郵便番号一一三―〇〇三三
電話〇三―三八一三―九一五一〈代表〉
振替口座〇〇一〇〇―五―二四四
印刷＝平文社　製本＝ナショナル製本
装幀＝山崎　登

歴史文化ライブラリー

1996.10

刊行のことば

現今の日本および国際社会は、さまざまな面で大変動の時代を迎えておりますが、近づきつつある二十一世紀は人類史の到達点として、物質的な繁栄のみならず文化や自然・社会環境を謳歌できる平和な社会でなければなりません。しかしながら高度成長・技術革新にともなう急激な変貌は「自己本位な刹那主義」の風潮を生みだし、先人が築いてきた歴史や文化に学ぶ余裕もなく、いまだ明るい人類の将来が展望できていないようにも見えます。このような状況を踏まえ、よりよい二十一世紀社会を築くために、人類誕生から現在に至る「人類の遺産・教訓」としてのあらゆる分野の歴史と文化を「歴史文化ライブラリー」として刊行することといたしました。

小社は、安政四年（一八五七）の創業以来、一貫して歴史学を中心とした専門出版社として書籍を刊行しつづけてまいりました。その経験を生かし、学問成果にもとづいた本叢書を刊行し社会的要請に応えて行きたいと考えております。

現代は、マスメディアが発達した高度情報化社会といわれますが、私どもはあくまでも活字を主体とした出版こそ、ものの本質を考える基礎と信じ、本叢書をとおして社会に訴えてまいりたいと思います。これから生まれでる一冊一冊が、それぞれの読者を知的冒険の旅へと誘い、希望に満ちた人類の未来を構築する糧となれば幸いです。

吉川弘文館

〈オンデマンド版〉
歴史の旅 武田信玄を歩く

歴史文化ライブラリー
160

2019年（令和元）9月1日　発行

著　者　秋《あき》山《やま》　敬《たかし》
発行者　吉川道郎
発行所　株式会社 吉川弘文館
〒113-0033　東京都文京区本郷7丁目2番8号
TEL　03-3813-9151〈代表〉
URL　http://www.yoshikawa-k.co.jp/

印刷・製本　大日本印刷株式会社
装　幀　清水良洋・宮崎萌美

秋山　敬（1945～2011）

ISBN978-4-642-75560-3